Georg Winter

Das deutsche Volkslied

Salzwasser

Georg Winter

Das deutsche Volkslied

1. Auflage | ISBN: 978-3-84607-529-6

Erscheinungsort: Paderborn, Deutschland

Erscheinungsjahr: 2015

Salzwasser Verlag GmbH, Paderborn.

Nachdruck des Originals von 1906.

Georg Winter

Das deutsche Volkslied

Salzwasser

Das deutſche Volkslied.

Kurze Einführung in die Geſchichte
und das Weſen des deutſchen Volksliedes.

Von

H. Winter.

Meinem Vater gewidmet.

Vorwort.

Wer einem Volke ins Herz sehen will, muß sein Lied kennen. Hier offenbart es sich in seinen geheimsten Regungen, hier lebt es sich aus in seiner ganzen Eigenart. Man kann sagen: die Seele eines Volkes verdichtet sich in seinem Liede.

Doch nicht nur vom psychologischen, sondern auch vom kulturgeschichtlichen Standpunkte bietet das Volkslied ein interessantes Studium dar. Ist es doch der getreue Spiegel seiner Zeit.

Seit Ludwig Uhlands bahnbrechenden Arbeiten ist uns die Bedeutung des Volksliedes erst recht vor Augen gerückt. Unermüdliche Sammler haben den Schatz, den man schon verloren geglaubt, zum großen Teil wieder gehoben. Volkskundliche Bestrebungen bemühen sich, dem Volke das Erbe der Väter wieder nahe zu bringen. Man sollte meinen, das deutsche Volkslied werde nun in seiner ganzen Bedeutung anerkannt und gepflegt. Daß dem leider nicht so ist, ist eine nicht wegzuleugnende Tatsache, deren Ursachen an anderer Stelle erörtert werden sollen. Eine, die die Abfassung dieses Büchleins veranlaßte, sei hier genannt: das Volk erfährt eigentlich immer noch zu wenig von seinem Liede. Die paar Volkslieder, die es in der Schule kennen lernt, geben ihm ein ganz falsches Bild vom Volksliede. Von seinen Schönheiten, seiner

Geschichte, seinem Einflusse auf die Kunstdichtung, seiner die Geschichte der Zeit oft direkt beeinflussenden Macht erfährt es so gut wie nichts. Und doch wäre es dem Volke gewiß interessanter, hierüber aufgeklärt zu werden, als über halb= oder ganz vergessene Erscheinungen auf dem Gebiete der Kunstdichtung. Man behandelt die Lieder des Volkes wie Parias. Man mißkreditiert damit, was dem Volke heilig sein sollte.

Dieses Büchlein will nun vor allem die Lehrer veranlassen, sich mit der Geschichte des deutschen Volksliedes näher zu befassen. Unter stetem Hinweis auf die bedeutendsten Arbeiten auf dem Gebiete der Liedforschung, deren Studium natürlich jedem Literaturgeschichtslehrer unerläßlich ist, will es in die Geschichte des Volksliedes einführen und so sein bescheiden Teil zur Würdigung und Neubelebung desselben beitragen. Möge es seinen Zweck erfüllen!

Einteilung.

I. Werden des Volksliedes.

Der Herzog hat den Heerbann aufgeboten. Weithin=
tönende Hornrufe schallen durchs Land. Fronboten eilen von
Gau zu Gau, um zum Kampf zu rufen gegen den Landfeind.
Überall werden sie mit tosendem Jubel und Waffenlärm
empfangen. Von allen Seiten eilen die Heermänner zu
ihrem Herzog, der ihrer unter einer mächtigen Eiche wartet.
Nachdem nach altem Brauch noch alle Streitigkeiten ge=
schlichtet und jeder dem Herzog sich durch Treueid verpflichtet,
wird der Heerzug eröffnet. Doch bevor die Scharen in den
Kampf gehen, suchen sie die Opferstätten auf, um von den
Göttern den Sieg zu erflehen. Singend umziehen sie dabei den
Altar. Vier Schritte lang ist jede Seite, dann muß man
eine Wendung (versus) machen, der Vers ist zu Ende. Nach
vier solchen Wendungen ist auch das Lied zu Ende, der
Reigen löst sich auf, und ein neues Lied (Strophe) beginnt.
(Diese ältesten Dichtungen bestanden, wie wir am Arvalliede
sehen, nur in verzücktem Anrufen der Gottheit. —)

Nachdem die Krieger den Göttern geopfert, ziehen sie
dem Feinde entgegen. Den Schild auf dem Rücken, mit
ungeschütztem Leibe stürmen sie unter furchtbarem Gebrüll
vorwärts. Kein Wunder, wenn anfangs die römischen Sol=
daten schon beim Hören dieser Schlachtgesänge zurückweichen.
— Endlich, nach heißem Ringen, ist der Feind besiegt.
Tausende bedecken die Walstatt. Auf den Schilden tragen
die Germanen ihre Gefallenen aus der Schlacht, die gefallenen
Feinde den Raubtieren überlassend.

Bei der Totenwacht und bei der Bestattung ertönen
Sterbelieder, wohl auch Preislieder auf die Gefallenen.
Dann wird mit Gesang und Jubelgeschrei der Sieg gefeiert.
(Tacitus, Hist. 5, 15.)

Bei den gottesdienstlichen Festen stimmten die
Priestersänger Lieder zum Preise der Gottheit an. Tacitus

erwähnt solche Gesänge, die die Abkunft der Deutschen von dem erdgeborenen Gotte Tuisto und seinem Sohne Mannus feierten. Diese Gesänge gingen nach und nach ins Volk über. — Allmählich tritt die Dichtung aus dem Banne des Gottesdienstes heraus. Der Priestersänger feiert neben den Göttern auch die Helden; der Heldengesang entsteht. Tacitus bezeugt bereits Lieder zum Preise Armins, des Retters deutscher Freiheit.

Von einem Erntefeste mit Gesang im Jahre 14 berichtet Tacitus in den Annalen 1, 65: „Die Barbaren erfüllten bei festlichem Gelage die Täler und die widerhallenden Berge mit frohem Gesang und lautem, wildem Lärm."

Auch in der Neujahrsnacht veranstaltete man Umzüge mit Gesang. Noch 742 muß Bonifazius seinen Deutschen, Alemannen, Bayern und Franken den heidnischen Brauch untersagen, am Tage vor Neujahr Umzüge mit Gesang zu veranstalten. Zu Anfang des 11. Jahrhunderts belegt Burchard von Worms diejenigen, die „Neujahr nach der Heiden Weise begangen, indem sie mit Gesang und Tanz durch Straßen und Fluren zogen", mit schwerer Buße.

Obgleich man bei der Christianisierung absichtlich die christlichen Feiertage an Stelle der heidnischen Feste gesetzt hatte, so feierte doch das Volk noch lange seine alten Feste in alter Weise weiter. Auf der Kirchenversammlung zu Autun (573—603) wird verfügt, daß es unstatthaft sei, wenn in den Kirchen Laien ihre Reigen tanzten und Mäd= chen ihre Lieder sängen. Aus einer Verordnung der Kirchen= versammlung zu Chalons (639—654) ersehen wir, daß an Kirchweihen und an den Gedenktagen der Heiligen die Menge zusammenströmte, aber anstatt zu beten, „gemeine" und „lästerliche" Liedchen sänge und daß Mädchen dazu tanzten.

Daß man auch bei Eheschließungen Gesänge an= stimmte, ist ja selbstverständlich. Mit Gesang und Tanz wurden die Neuvermählten in das Haus des Gatten geführt. Der römische Dichter Apollinaris Sidonius erwähnt im 5. Jahrhundert solche Hochzeitsgesänge.

Nach altfriesischem Recht gilt die Ehe erst dann für gesetzmäßig, „wenn die freie Friesin gekommen ist in des freien Friesen Gewalt mit Hornes Laut und mit der Dorf=

genossen festlichem Schall, mit der Feuer Brand und mit
Wonnegesang".

In dem aus dem 12. Jahrhundert stammenden Gedichte
„Die Hochzeit" heißt es:

> „hoy wie si bô sungen,
> do si si heim brungen.
> sus giengin die jungin
> hupphinde unde springinde
> vor den brûtin singinde."

Daß die Jugend abends zusammenkam und ihre alten
Lieder sang, sehen wir aus einer Bestimmung des Abtes
Priminius: „Das Tanzen und Springen, die schändlichen
und üppigen Lieder sollt ihr fliehen wie die Pfeile des
Teufels; weder an den Kirchen noch in den Häusern, noch
auf den Straßen und Kreuzwegen oder sonstwo sollt ihr sie
üben, denn das ist ein Rest heidnischer Sitte."

Aus all dem Gesagten ist zu ersehen, daß unsere Vor=
fahren ein sangesluftiges Volk waren. Leider ist nichts von
diesen Gesängen erhalten.

Wie wir eingangs bemerkten, war der erste deutsche
Kunstdichter der Priestersänger, wenn sich auch der Sänger
dem Priester unterordnete. Allmählich tritt aber der Sänger
mehr in den Vordergrund, bis er sich schließlich ganz von
seinem Ursprunge loslöst. Der Wandel vom Priestersänger
zum Berufssänger vollzog sich mit der Einführung des
Christentums. Der heidnische Priester wurde überflüssig,
ihm blieb nur noch die Aufgabe des Sängers. Aus dem
Priestersänger wurde der Skop. Wie die einzelnen „Marken"
oder „Geschlechter" früher ihren oder ihre Priester hatten,
so hatten sie jetzt ihre festen Sänger.

Als sich das sippische Band allmählich löst, um dem
Lehnswesen Platz zu machen, wird der sippische Sänger mehr
und mehr zum angestellten Fürstensänger. Konnte er an
keinen Hof kommen, so griff er zum Wanderstabe. Zur Zeit
der Priestersänger wurde die Sangeskunst nur von Edlen
und Freien gepflegt, jetzt konnte auch der Unfreie zur Harfe
greifen. Anfangs stand der fahrende Skop noch in hohem
Ansehen, überall war er willkommen und wurde reich beschenkt.

Nach und nach geriet er aber auf eine Stufe mit dem Volke der Fahrenden.

Wie haben wir uns den Vortrag der Skope zu denken? Wohl als ein unserm Melodram ähnliches ausdrucksvolles Rezitieren, das zuweilen von Harfenakkorden unterbrochen wurde. Der Skopgesang bediente sich des Stabreimes, unterschied sich aber von dem Priestergesang dadurch, daß er in ununterbrochenem Strom dahinfloß, während die Gesänge der Priester in Gesetze abgeteilt waren. Der Gegenstand der Skopgesänge war vor allem der Preis des Gastgebers und seines Stammes. Die Preislieder der Skope knüpfen zunächst an die Geschichte an. Das einzige Skoplied in deutscher Sprache, das uns erhalten ist, ist das Hildebrandslied.

Um 800 sehen wir die Skope bereits tief gesunken, rechtlos und ehrlos, wie alles, was guot umb êre nimmt. Berthold von Regensburg, der die Menschheit in 10 Chöre einteilt, stellt die Spielleute in den allerletzten.

Auf hochdeutschem Boden mag der letzte Skop die Zeit Karls des Großen kaum überlebt haben. Der fahrende Spielmann hatte das Wort. Der Spielmann sang zunächst das Skoplied weiter. Die Erzeugnisse des Spielmannes unterscheiden sich von denen des Skops vor allem dadurch, daß sie ganz in Reimen gehalten waren. Den Stoff der spielmännischen Erzeugnisse bildete noch die Heldensage. Hugo von Trimberg, der Dichter des „Renners", sagt:

> „Wer von Herrn Dietrich von Berne,
> · Von all den alten Kampfrecken,
> Sagen kann, und von Herrn Ecken,
> Dem bezahlt man gern den Wein."

Aber bereits in der Mitte des 15. Jahrhunderts waren die alten Heldenlieder bei den höheren Ständen so sehr aus der Mode gekommen, daß der bayrische Ritter Jakob Püterich von Reicherzhausen, der jene Lieder sammelte, vielen Spott erdulden mußte. Die Städter hatten den Heldensang in Bann getan, wie sie heute noch das „Volkslied" verschmähen. Sie bildeten sich im Gegensatz zu diesen Bauernliedern ihre städtischen Lieder, die ihnen der „Schreiber" sang. Auf dem Lande aber lebte der Heldengesang weiter.

Aventin schreibt (um 1500): „Unsere Leut singen und sagen noch viel von Dietrich von Bern; man findet nit bald einen alten König, der dem gemeinen Manne bei uns so bekannt sei, von dem sie so viel wissen zu sagen." Auch der streitbare Markgraf Rudinger und Attila waren selbst dem Ungebildeten bekannt. Wolfgang Lazius bezeugt Lieder auf Dietrich und Etzel. Nach Marquard Freher (1565-1614) ist Siegfried ein in ganz Deutschland besungener Riese.

Auf den Burgen, an den Höfen blühte im 12. und 13. Jahrhundert der Minnesang. Doch war dieser ritter= liche Sang mit seinen strengen Reimgesetzen, seinen Bildern und Vergleichen wenig volkstümlich. Was wurde nun wäh= rend der Zeit des Minnesanges aus dem Volksliede? Der Strom des Volksgesanges floß ununterbrochen weiter, wenn sein Lauf auch, weil ihm die besten seiner Quellen versiegten, trüber ward. „Eine gewisse Verkümmerung mußte die un= ausbleibliche Folge für den plötzlich zum Stiefkind herab= gesetzten Volksgesang sein ... Nach dem Ablauf der ritterlich= höfischen Periode schloß sich noch einmal die Kluft, welche durch Bildungselemente in der Nation entstanden war. Der Strom der Volkspoesie tritt nun wieder hervor. Es erblüht noch einmal, zum letzten Male, eine Zeit des Volksgesanges in jenem ursprünglichen Sinne, daß sich die Gesamtheit der Nation beteiligt. Das ‚Hoflied' der ritterlichen Poesie kehrte nach dem Verblühen desselben bei der Volksdichtung ein, von den Fahrenden weitergesungen." (Liliencron, Leben im Volksl. p. XVIII.)

Vor allem pflegte der Spielmann die Tagelieder und die Graslieder, dann die sogenannten Neidharte (nach Neidhart von Reuenthal [1180—1250] so genannt).

Über Tagelieder siehe Seite 86.

Die Graslieder waren ursprünglich eine in Welschland sehr beliebte Dichtungsart. „Der adelige Dichter, der immer in erster Person von sich erzählt, reitet am Morgen, ge= wöhnlich im Frühjahr, aus und begegnet unterwegs einer einsamen Schäferin. Er sucht ihre Liebe durch Komplimente, Bitten, Versprechungen, bisweilen auch Hilfsleistungen zu gewinnen. Gelingt es ihm, was meistens der Fall ist, so macht er mit ihr sein Liebesspiel und verläßt dann die

Schöne nicht selten mit zynischem Hohne; gelingt es ihm nicht, so reitet er ärgerlich von dannen."[1])

Oft wird an Stelle des Ritters auch ein Jäger, Schreiber oder Reuter gesetzt.

Graserin und Reiter.

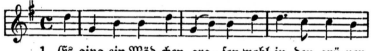

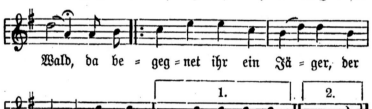

1. Es ging ein Mäd=chen gra = sen wohl in den grü=nen Wald, da be = geg=net ihr ein Jä = ger, der ihr so wohl ge = fällt, ja, ja, da be= fällt.

2. Der Reiter breit't sein Mantel
   Wohl in das grüne Gras,
   Und bat das schwarzbraun Mädchen,
   Bis daß sie zu ihm saß.

3. „Was soll ich mich denn setzen,
   Ich hab' ja noch kein Gras;
   Ich hab' eine schlimme Mutter,
   Die schlägt mich alle Tag."

4. „„Hast du eine schlimme Mutter,
   Die dich schlägt alle Tag,
   So sag, du hätt'st dir geschnitten
   Den Finger halber ab.""

5. „Ei, soll ich denn nun lügen?
   Das steht mir gar nicht an;
   Viel lieber wollt' ich sagen,
   Der Reiter wollt' mich han."

---

[1]) A. Bielschowsky, „Gesch. der deutschen Dorfpoesie". Berlin 1891.

6. „Ach Mutter, liebe Mutter,
   Gebt Ihr mir einen Rat:
   Es läuft mir alle Morgen
   Ein stolzer Reiter nach."

7. „„Ach Tochter, liebe Tochter,
   Den Rat, den geb' ich dir:
   Laß du den Ritter fahren,
   Bleib noch ein Jahr bei mir."„

8. „Ach Mutter, liebe Mutter,
   Der Rat, der ist nicht gut:
   Der Reiter ist mir lieber
   Als all Euer Hab und Gut."

9. „„Ist dir der Reiter lieber
   Als all mein Hab und Gut,
   So pack deine Kleider zusammen
   Und lauf dem Reiter zu!"„

10. „Ach Mutter, liebe Mutter,
    Der Kleider sind nicht viel;
    Gebt Ihr mir tausend Taler,
    So kauf' ich, was ich will."

11. „„Ach Tochter, liebe Tochter,
    Der Taler sind nicht viel,
    Dein Vater hat's verrauschet
    Beim Würfel= und Kartenspiel."„

12. „Hat sie mein Vater verrauschet
    Bei Würfel= und Kartenspiel,
    So soll sich Gott erbarmen,
    Daß ich ein Mägdlein bin.

13. Wär' ich ein Knab' geboren,
    Zög' ich ins weite Feld;
    Die Trommel ließ ich rühren
    Dem Kaiser um sein Geld."

(Erk, Lh. I, 71 d.)

Ähnlich beginnen viele andere Graslieder: „Es wollt'
ein Mädchen die Lämmlein hüten", „Es wollt' ein Mädchen
früh aufstehn dreiviertelstund vor Tag", „Es wollt' ein
Jäger jagen drei Stunden vor dem Tagen". Am schönsten
ist wohl das folgende Schreiberlied:

Am Brunnen.

Mel. 1534 u. 1540.

1. Es wollt' ein Maidlein Wasser hol'n bei
einem kühlen Brunne.
Was fand sie an dem Wege stan? Ein
Knäblein, das war junge.
Es setzt sein Krüglein neben sich und fraget, wer er wäre? Er
sprach: Wollt Ihr mein Buhle sein? Sie sprach: Von Herzen
gere! Kommt here, kommt here!

2. Die Mutter zu dem Töchterlein sprach:
Wo warst du nächt so lange?
Ei, du liebes Mütterlein,
Ich stund bei dreien Manne,
Der pfiff mir also wohl,
Daß ich mit ihm mußt tanze,
Der ander wollt' mein Buhle sein,
Dem dritten geriet die Schanze
Bei Tanze, bei Tanze.

3. So schau, mein liebes Töchterlein,
   Daß es dich nit gereue!
   Ach nein, du liebes Mütterlein,
   Er gab mir des sein Treue.
   Hätt' er mir sein Treu' nicht gegeben,
   Es wär' ihm nicht geroten.
   Er hat der gulden Pfenning viel,
   Die woll wir von ihm schroten.
   Kumm spate, kumm spate!

4. Dort in meines Vaters Haus
   Steht ein Baum im Garten,
   Es sei gleich Ritter oder Knecht,
   So darf er mein nit warten:
   Hab' mir ein feins Lieb auserkor'n
   Gar heimlich und gar stille.
   Ich hab' mein Kränzlein hie verlor'n
   Durch meines Buhlen Wille.
   Schweig stille, schweig stille!
   (Erk, Lh. II, 438.)

Aus dem Grasliede scheint das Jägerlied hervorge=
gangen zu sein und die sehr beliebte oft recht schmutzige
Verführungsgeschichte:

1. „Nun schürz dich, Gretlein, schürz dich!
   Du mußt mit mir davon!
   Das Korn ist abgeschnitten,
   Der Wein ist eingetan!"

2. „Ach Hänslein, liebes Hänslein,
   So laß mich bei dir sein,
   Die Wochen auf dem Felde,
   Den Feiertag bei dem Wein!"

3. Da nahm er bei der Hände,
   Bei ihr schneeweißen Hand,
   Er führt sie an ein Ende,
   Da er ein Wirtshaus fand.

4. „Nun Wirtin, liebe Wirtin,
Schaut aus umb kühlen Wein!
Die Kleider dieses Gretlein
Müssen verschlemmet sein."

5. Die Gret' hub an zu weinen,
Der Unmut, der war groß,
Daß ihr die lichte Zäher
Über ihr Wänglein floß.

6. „Ach Hänslein, liebes Hänslein,
Du redest nicht also,
Da mich daheim ausführtest
Aus meines Vaters Hof."

7. Er nahm sie bei der Hände,
Bei ihr schneeweißen Hand,
Er führt sie an ein Ende,
Da er ein Gärtlein fand.

8. „Ach Gretlein, liebstes Gretlein,
Warum weinst du so sehr?
Reuet dich dein freier Mut
Oder reuet dich dein Ehr'?

9. „Es reuet mich nicht mein freier Mut,
Darzu auch nicht mein Ehr';
Es reuen mich meine Kleider,
Die werden mir nimmer mehr!"

(Böhme, Nr. 53, Erk I, Nr. 113, Uhland, Nr. 256.) Dazu
bemerkt Goethe: „Im Vagabundensinn. Unerwartet epigrammatisch."

Eine Art Grasgedichte sind auch die Stelldichein=
gedichte. Bekannt ist:

„Die Linde im Tal".

(Zuerst gedruckt 1807.)

1. Es stand ei = ne Lind' im tie = fen

Tal, war o = ben breit und un = ten schmal, war

o = ben breit und un = ten schmal.

2. Worunter zwei Verliebte saßen,
Und die vor Lieb' ihr Leid vergaßen.

(22 Str. Siehe Erf, Th. I, Nr. 67c.)

Das schönste aller Graslieder ist aber wohl:

„Laß rauschen".

Mel: „Die Amsel dicht zu morgen".

Werlins Handschr. 1646.

1. Ich hört' ein Sich = lein rau = schen, wohl

rau = schen durch das Korn, ich hört' ein' fein' Magd

kla = gen, sie hätt' ihr Lieb ver = lor'n.

2. „Laß rauschen, Lieb, laß rauschen!
Ich acht' nit, wie es geh':
Ich hab' mir ein Buhlen erworben
In Veiel und grünen Klee."

3. „Hast du ein Buhlen erworben
In Veiel und grünen Klee:
So steh' ich hie alleine,
Tut meinem Herzen weh'."

(Uhland, Nr. 34; Erf, Nr. 678a; Wunderh. II, 50.) Vilmar
schreibt dazu: „Es kann kaum etwas Schöneres geben, als den

Gegenſatz und zugleich die Übereinſtimmung zwiſchen der vertieften ſtillen Liebestrauer und dem heiteren, aber eintönigen und doch leiſe wehmütigen Klingen der Sichel im reifen Korn, was hier ſo ganz ohne Emphaſe in wirklich rührender Einfalt ausgeſprochen wird." (Handb. p. 192.)

Zu den Liedern des Spielmannes gehören endlich auch noch die „Schamperliedchen", ſchmutzige Lieder, die die bekannten alten Volkszoten beſingen. „Die ſchöne Müllerin" wird jetzt noch geſungen:

1. „Ich weyß ein hübſche müllerin,
   die daucht ſich hübſch und klug,
   vom oberlandt bis an den Rein,
   wo ſind man jren fug?
   In einem dorff ſie ſaß,
   gen marck do thet ſie lauffen,
   thet jr hüner verkauffen,
   als jr gewonheit was.

2. Sie hat vil hüner, gens und ſchwein,
   der enten alſo vil,
   es trug ir vil der pfenning ein,
   ſie nerts alls aus der mül
   mit weizen und mit korn,
   die müllerin wuſt den reimen
   die ſeck kunt ſie wol ſcheumen,
   als ihr gewonheit was.

3. Sie ſaß nit weit von einer⁻ſtat
   da ſie daheime was,
   darin ſie vil zu ſchaffen het;
   es war ein reicher thum
   von herren und edelleuten,
   von mönchen und von pfaffen,
   ſie het vil zu ſchaffen,
   es war eine heilige zeit.

4. Sie trat wol für das münſter,
   ir hünlein hat ſie feil,
   ein thumherr war ir günſtig,
   er daucht ſie friſch und geil,

und trat fürs münster raus,
schön red die ließ er laufen:
‚fraw, wolt ir die hüner verkaufen?
tragt mir sie heim ins haus.

5. Das geld wil ich euch geben,
was euer herz begert.‘
Das frewlein besach in eben,
bis sie den herrn gewert;
sie trug im die hüner heim,
er redt mit ir von sachen,
das frewlein begund zu lachen,
sie war bei im allein.

6. Er gab irs geld und griff sie an,
er bult um iren leib.
Sie sprach: ir seid ein geistlich man,
ich bin ein weltlich weib,
die sach, die hat kein sin,
ich hab meim man verheißen,
ich wölt im freundschaft leisten,
get heim und bittet in.

usw. (26 Str.)

(Böhme, Nr. 43, 44.)

Seit die Buchdruckerkunst erfunden war, fing man an,
Lieder auf einzelnen Bogen — zuerst von Herder „fliegende
Blätter“ genannt, erscheinen zu lassen und zu verkaufen.

Mit dem 16. Jahrhundert begann man auch Samm=
lungen von Liedern, meist mit beigesetzten Noten zu veran=
stalten. „Allein es war, als hätte mit der Absichtlichkeit
und Förmlichkeit, die in einem gedruckten Exemplar liegt,
die Volkspoesie ihre eigentliche Harmlosigkeit und Bewußt=
losigkeit verloren. Und doch ist gerade letztere eines der
charakteristischen Kennzeichen der echten Naturpoesie und einer
ihrer geheimnisvollsten Reize.“

Von berühmten Komponisten wurden im 16. Jahrhundert
die Volksweisen mehrstimmig bearbeitet, z. B. von dem von
Luther hochgeschätzten Ludwig Senfl († 1555), von Leo

Haßler († 1612). Neben diesen wirkten Heinrich Finck,
Georg Forster u. a.:

„Bis ins 16. Jahrhundert hatte das Volk seine Lieder
gedichtet, ohne zu wissen, daß es Dichter sei; es reimte, so
gut es ging und wie es seinem Ohr gefiel. Manchmal
grüßte die Muse lächelnd im Vorübergehen jene Kinder-
herzen, und klangen ihre Worte um so rührender, je weniger
sie sich ihrer eigenen Macht bewußt waren. Der Bürger,
selbst der Adel sang wie das Volk und mit ihm. Es gab
eine große gesungene und nicht geschriebene Volkspoesie. Mit
dem Ende des 16. und vornehmlich im 17. Jahrhundert
ändert sich dies Verhältnis vollständig. Eine große Anzahl
gebildeter Männer bemächtigt sich der Poesie, streitet über
ihre Bedingungen, unterwirft sie Regeln und steckt ihr Grenzen
ab. Nun ist es aus mit ihrer ungebundenen Freiheit im
Reiche der Träume. Die Herrschaft des Schulzwanges hat
angefangen. Da gibt es keine neuen Lieder mehr unterm
freien Himmel, sondern nur gelehrte Poesie."[1] Man ver-
achtete die Volkspoesie. Wie tief diese Verachtung ging
und wie lange sie andauerte, dafür ist folgende Tatsache
bezeichnend: ‚Vom Jahre 1560 etwa bis 1807 ist keine
einzige Sammlung erschienen, die Volksliedermelodien allein
bringt und nur etwa 10 Sammlungen, in denen volks-
mäßige Weisen überwiegen.'[2]

Den Gnadenstoß bekam das Volkslied durch den 30jäh-
rigen Krieg. Er zerstörte die aufblühende Zivilisation und
zog die Poesie in den Staub herab. ‚Inter arma silent
musae.' Man feierte keine Frühlings- und Erntefeste mehr,
man tanzte nicht mehr unter der Linde und sang nur noch
Schelmenlieder. Während das Volk auf dem Lande schutzlos
wie gehetztes Wild lebte, arbeiteten gelehrte Männer hinter
den Mauern der Städte, die Nachfolger der Humanisten des
16. Jahrhunderts, und dichteten Hymnen auf Kaiser und
Fürsten. Sie ahmten nicht nur den Hof nach, sondern durch-
setzten auch die Sprache mit französischen Brocken. Als

[1] E. Schuré, „Geschichte des deutschen Liedes", p. 251.
[2] M. Friedländer, „Das deutsche Lied im 18. Jahrhundert".
Stuttgart und Berlin. Cotta. 1902.

Beispiel, wie man damals redete und dichtete, sei folgendes Poem angeführt:

1. „Reverierte Dame,
   Phönix meiner Ame,
   Gebt mir Audienz.
   Eurer Gunst Meriten
   Machen zum Falliten
   Meine Patienz.

2. Ach, ich admiriere
   Und consideriere
   Eure Violenz;
   Wie die Liebesflamme
   Mich brennt sonder blâme
   Wie die Pestilenz.

3. Ihr seid sehr capable,
   Ich bin peu valable
   In der Eloquenz,
   Aber mein Servieren
   Pflegt zu dependieren
   Von der Influenz."

Logau rief damals voll Entrüstung den Deutschen zu: „Freies Deutschland, schäme dich doch dieser schnöden Knechterei!"

Es beginnt eine gelehrte, gekünstelte Dichtweise, die 150 Jahre herrschte, bis ihr Goethe und seine Zeitgenossen das Urteil sprachen. Es entsteht eine Kluft zwischen der großen Menge und den Männern der Wissenschaft mit ihrem verschnörkelten Stile. Auf der einen Seite stehen die Literaten ohne Verständnis für das Volksleben, auf der anderen ein sich selbst überlassenes Volk ohne Kultur des Geistes. Das ist eine unheilvolle Spaltung und der Tod aller großen Kunst.

Vom 17. Jahrhundert an beginnt ein geheimer Kampf zwischen der gelehrten und der ursprünglichen Poesie, die mit dem Siege der letzteren und mit der Auferstehung des Liedes endigt.

Der Gottsched-Bodmersche Streit war von heilsamem Einflusse auf die Entwicklung der deutschen Literatur, da er eine allmähliche Rückkehr zu den Quellen der Volkspoesie zur Folge hatte.

Herder, vor allem durch Percys „Reliques of ancient English poetry"[1] angeregt, wies mit Nachdruck auf die Volkspoesie hin. 1778—79 erschienen seine „Volkslieder" (von Johannes von Müller — 1807 — „Stimmen der Völker in Liedern" genannt). Die Wertschätzung des Volks- liedes erregte freilich den Zorn der alten zünftigen Wissen- schaftswelt. Schlözer ließ seinen Grimm in folgenden Worten aus: „Herder gehört zu der neuen Rasse von Theologen, den galanten, witzigen Herren, denen Volkslieder, die auf Straßen und Fischmärkten ertönen, so interessant wie Dog- matiken sind." Nicolai suchte das Aufsehen, das Herder mit seinen Volksliedern erregte, durch seinen mißratenen Spott im „kleynen feynen Almanach von Volksliedern" zu dämpfen.

Seitdem Herder auf die Volkslieder hingewiesen hatte, wirkte die Kenntnis derselben sehr wohltätig auf Dichter und Kritiker.

Im Anfange des 19. Jahrhunderts wurden die Volks- lieder mehr Gegenstand des Sammelns und Forschens. Achim von Arnim und Brentano gaben 1806 „Des Knaben Wunderhorn" heraus.[2] Goethe war es, der die erste Rezension, voller Lob und Wohlwollen in der „Jenaischen Literaturzeitung" veröffentlichte, und nur Voß, der eingefleischte Verfechter der klassischen Regelmäßigkeit, stand der Samm- lung von vornherein ablehnend, ja erbittert gegenüber. Er nannte sie „einen heillosen Mischmasch von allerlei butzigen, trutzigen, schmutzigen und nichtsnutzigen Gassenhauern, samt einigen abgestandenen Kirchenhauern". 1807 veröffentlichten Büsching und von der Hagen ihre Sammlung deutscher Volkslieder. 1834—36 erschien des Freiherrn Friedrich

---

[1] Thomas Percy, geb. 13. April 1728 in Bridgeworth, Pfarrer in Wilby (Northamptonshire), Hofkaplan des Königs, Bischof von Dromore (Irland), starb am 30. September 1811.
[2] Ausführliches über diese Sammlertätigkeit siehe Wilh. Uhl „Das deutsche Lied" (Leipzig 1900 — E. Avenarius), p. 141 u. f.

Karl von Erlach fünfbändige Sammlung: „Die Volkslieder der Deutschen." 1844 und 1845 erschienen in 2 Bänden L. Uhlands „Alte hoch= und niederdeutsche Volkslieder". Von dem ursprünglichen Plane Uhlands (seine Skizze lautete:

Sommerspiele = Mythus,
Fabellieder = Tiersage,
Wett= und Wunschlieder = Sängerkämpfe,
Liebeslieder = Minnegesang,
Tagelieder = Minnegesang,
Geschichtlieder = Heldensagen, politische Lieder, Reim=
Scherzlieder = Schwänke,   [chroniken,
Geistliche Lieder = Evangelien, Legenden, [Spruch=
                                        gedichte usw.])

ist leider nur die Hälfte zur Ausführung gelangt.

Die umfangreichste Sammlung mit Melodien (2175 Nummern in 3 Bänden) ist Erks „Deutscher Liederhort", neubearbeitet und fortgesetzt von Franz M. Böhme (Leipzig, Breitkopf & Härtel 1894). 1877 erschien von Fr. M. Böhme „Altdeutsches Liederbuch".

Daneben kamen viele spezielle Sammlungen heraus, so K. Beckers „Rheinischer Liederborn", Dungers Sammlungen aus dem Vogtlande, Hoffmann von Fallerslebens „Schlesische Volkslieder", Fr. v. Kobells „Oberbayrische Volkslieder", Scherers „Deutsche Volkslieder", Simrocks „Deutsche Volkslieder", Toblers „Schweizer Volkslieder" und viele andere mehr. (Weitere Sammlungen sind namhaft gemacht bei den einzelnen Gruppen des deutschen Volksliedes.)

Das volkstümliche Lied.

Der Ausdruck „volkstümliches Lied" kommt zuerst im Jahre 1836 vor und zwar im 5. Bande der Erlachschen Volkslieder.[1]) M. Böhme („Volkstümliche Lieder der Deutschen im 18. u. 19. Jahrh.") bezeichnet als volkstümliche Lieder „die von bekannten oder unbekannten Dichtern und Komponisten verfaßten Kunstgesänge, die wenig oder mehr verändert in den Volksmund übergingen und Lieblingslieder

---

[1]) ganz ohne Weisen.

geworden sind, ohne wirkliche Volkslieder zu sein. Diese von Gebildeten und Ungebildeten gern gesungenen Lieder stehen in der Mitte zwischen Kunst= und Volkslied." Gefällt dem Volke ein solches Lied, so beginnt es, sich dasselbe mundrecht zu machen. Es kürzt, versetzt Strophen, merzt fremde Ausdrücke aus, ersetzt erheuchelte Empfindungen durch einfache, wahre Gefühlssprache, vereinfacht leeres Reimge= klingel oder läßt es weg.[1] Die volkstümlichen Lieder sind die natürliche Fortsetzung und der edle Nach= wuchs des Volksliedes und werden das Volkslied der Zukunft bilden. „Die Kulturentwickelung hat es mit sich gebracht, daß jetzt nur der ein Dichter für sein Volk werden kann, der den Verhältnissen der Neuzeit sich anbe= quemt, die reicher gewordenen Sprach= und Kunstmittel be= nutzt und überhaupt das mächtig angewachsene Bildungs= material beherrscht, also Kunst= und Volksdichter zugleich ist." (Böhme, „Volkstümliche Lieder" p. XVI).

Förderlich für Pflege und Verbreitung des volkstüm= lichen Liedes war das Freimaurerwesen, das unter Kaiser Josef II. seit 1760 einen großen Aufschwung nahm.[2] Viele Freimaurerlieder sind ins Volk gedrungen (Brüder, reicht die Hand zum Bunde — Üb' immer Treu' und Red= lichkeit — Freude, schöner Götterfunken).

Eine fruchtbare Zeit für das volkstümliche Lied begann mit der Entstehung der Singspiele (Adam Hiller: „Ohne Sang und ohne Klang" aus „Die verwandelten Weiber", Wenzel Müller: „So leb denn wohl" aus „Alpenkönig und Menschenfeind"). Auch in Mozarts und Webers Opern fand das Volk reiche Ausbeute. („Üb' immer Treu'" [Ein Mädchen oder Weibchen] aus „Die Zauberflöte" — „Es murmeln die Wellen" aus „Oberon" — „Einsam bin

[1] Ausführliches über die Wandlungen des Kunstliedes im Volksmunde siehe: K. Reuschel „Volkskundliche Streifzüge" (Dresden und Leipzig, 1903. — C. A. Koch), S. 56 u. f.

[2] Noch heute pflegen die Logen den Männergesang. Eines der ältesten Liederbücher für Freimaurer ist 1771 in Berlin heraus= gekommen. Alt ist auch „Freimaurer-Lieder mit Melodien". Heraus= gegeben von Böheim. Augenblicklich ist in diesen Kreisen stark verbreitet „Allgemeines Liederbuch für Freimaurerlogen", bearbeitet und herausgegeben von Otto Urban.

ich" aus „Preziosa" — „Die Sonn' erwacht" aus „Preziosa"
— „Wir winden dir den Jungfernkranz" aus „Der Frei=
schütz"). Aus der Oper „Rübezahl" von Wilh. Würfel
(1825), singen wir heute noch „Wie herrlich ist's im Wald".
Goethe nahm sein „Ein Veilchen auf der Wiese stand" in
sein Singspiel „Erwin und Elmire" auf. Von da gelangte
es ins Volk. „Ach, wie ist's möglich dann" finden wir in
dem Schauspiel „Eginhart und Emma" von Helmina
von Chezy (Neubearbeitung von 1812). Aus dem „Nacht=
lager" von K. Kreutzer ist das Abendlied „Schon die Abend=
glocken" (1834). Im vaterländischen Schauspiel mit Gesang
„Leonore" von Holtei finden wir „Schier dreißig Jahre"
(1827).

Zum größten Teile sind es die Volksschulen gewesen,
die die volkstümlichen Lieder verbreiten halfen. Endlich sind
die Männergesangvereine, studentischen Vereine,
Turnvereine usw. zu nennen, die vielen Liedern den Weg
bahnten.

Die Dichter der volkstümlichen Lieder.

An der Spitze der volkstümlichen Dichter des Haines
(Hainbundes), zu dem ein Matthias Claudius (Stimmt
an mit hellem [1772] — Der Winter ist ein rechter Mann
[1783] — Der Mond ist aufgegangen [1778] — Bekränzt
mit Laub [1775]), Ludwig Heinrich Christoph Hölty
(Üb' immer Treu' [1775]), Christian Adolf Overbeck
(Komm, lieber Mai [1775]), Friedr. Leopold, Graf zu
Stolberg (Mein Arm wird stark [1774]), Joh. Heinr.
Voß (Des Jahres letzte Stunde [1784]), Joh. Martin
Miller (Was frag' ich viel [1776]) gehörten, stand
Gottfried August Bürger (Mit Hörnerschall). In
der Vorrede zur 1. Auflage seiner Gedichte (1778) sagt er,
daß er die Volkspoesie als die einzig wahre anerkenne.
„Vielen von denen, die jetzt leben, ist das freilich ein Ärgernis
und eine Torheit. Aber Geduld!" Im 2. Kapitel seines von
Nicolai[1] vielgeschmähten Buches „Aus Daniel Wunderlichs

---

[1] In „Eyn feyner kleiner Almanach Voll schönerr echterr
liblicherr Volckslieder, lustigerr Reyen vnndt kleglicher Mordgeschichte,
gesungen von Gabriel Wunderlich, weyl. Benkelsengernn zu Dessaw,

Buch" schreibt er: „Diese alten Volkslieder bieten dem reisenden Dichter ein sehr wichtiges Studium dar." — Das Streben nach Volkstümlichkeit finden wir auch bei Joh. Martin Usteri, dem Dichter des Liedes „Freut euch des Lebens (1793).[1]) Goethe wurde durch Herder, der durch seine 1773 erschienene Schrift „Von deutscher Art und Kunst" den Sinn für Volkspoesie wieder angefacht hatte, zum Sammeln von Volksliedern angeregt. Seine schönsten Lieder sind gewiß die, denen er ein Volkslied zugrunde legt oder die er im Geiste des Volksliedes dichtete.

Nach einem Vorbilde aus dem 16. Jahrhundert dichtete er „Sah ein Knab' ein Röslein stehn" (siehe Seite 82). Zahlreich sind jene Lieder, die nur mehr oder minder an Volkslieder anklingen, sonst ihre eigenen, aber allerdings dem Volksliede ganz angemessenen Wege gehen. Der „Erlkönig" erinnert zu Anfang und zu Ende ganz an das Lied „Erl= königs Tochter", das sich in Herders „Volksliedern" findet. Dann gibt es noch eine ganze Reihe von Liedern, in denen Goethe vom Volksliede nur den Ton durch die 1. Strophe oder auch nur den 1. Vers angenommen hat und dann seine eigenen Wege geht. „Da droben auf jenem Berge" ist ein

herausgegeben von Daniel Seuberlich, Schustern zu Ritzmück ann der Elbe. Betlynn vnndt Stettynn, verlegts Friedrich Nikolai." Sämtliche 64 Lieder sind mit Melodien, teils Volksmelodien, teils vielleicht vom Herausgeber fabrizierten. Bekannt ist, daß Nicolai mit seinem mißratenen Spotte gerade das Gegenteil erreichte, von dem, was er eigentlich beabsichtigt hatte: er weckte mit das Interesse am Volksliede. 1777 erschien ein um 6 Lieder vermehrter Nachdruck. Der Herausgeber ist unbekannt. Nicolai hatte Volk mit Pöbel verwechselt. Diesen Irrtum beseitigte zuerst eine nur aus 12 Liedern bestehende Sammlung „Ausbund schöner weltlicher Lieder für Bauers= und Handwerksleute; ferner allerhand lustiger Liebeshistorien und kläglicher Mordgeschichten in sauberen Reimen verfaßt und von neuem ans Licht gestellt durch H. Liederhold, Bänkelsängern, Reutlingen, gedruckt mit Fischer= und Lorenzischen Schriften". Der Herausgeber betont, daß die „Reimemacher" der Bauern und des gemeinen Volkes Art gar nicht kennen. „Da findet er hundertmal mehr Freude an solchen Liedern wie „Es reuten drey Reuter zum Thore hinaus", „Ich weiß mir ein Maidlein hübsch und fein". Da= mit lenkte Hans Liederhold das öffentliche Interesse auf die echten alten deutschen Volkslieder.

[1]) überschrieben „Gesellschaftslied", welches Wort hier zum ersten Male auftritt.

häufiger Anfang von Volksliedern. Goethe beginnt so „Das Bergschloß" und „Schäfers Klagelied". — „Es ist ein Schnee gefallen" beginnt ein Volkslied. Goethe leitet auch so ein das Lied „März":

„Es ist ein Schnee gefallen,
Denn es ist noch nicht Zeit,
Daß von den Blümlein allen,
Daß von den Blümlein allen
Wir werden hocherfreut."

Im „Wunderhorn" beginnt ein Lied:

„Wie kommt's, daß du so traurig bist
Und gar nicht einmal lachst?
Ich seh' dir's an den Augen an,
Daß du geweinet hast ...."

Goethe: „Wie kommt's, daß du so traurig bist,
Da alles froh erscheint?
Man sieht dir's an den Augen an,
Gewiß, du hast geweint ..."

Ganz Volkslied dem Tone nach ist „Der Harfenspieler":

„Wer sich der Einsamkeit ergibt,
Ach, der ist bald allein ..."

und vollends der „König in Thule".

Auch bei Schiller finden wir hin und wieder einen volkstümlichen Ton (Wohlauf, Kameraden [1797] Mit dem Pfeil [1803]).

Nächst Goethe verdankt Heinrich Heine dem Volks= liede am meisten (Es fiel ein Reif [vor 1825] — Ich weiß nicht, was soll es bedeuten [1823] — Leise zieht durch mein Gemüt [1830]).

Das Streben nach Volkstümlichkeit charakterisiert auch den schwäbischen Dichterkreis. Was Uhland durch seine gelehrten Forschungen für die Volkspoesie getan hat, ist bereits gesagt. Doch auch als Dichter hat er wie kaum einer den volkstümlichen Ton getroffen (Ich hatt' einen Kameraden [1809] — Es zogen drei Burschen [1809] — Es gingen drei Jäger wohl [1811] — Droben stehet die Kapelle

[1805] — Das ist der Tag des Herrn [1805] — Dir möcht'
ich diese Lieder weihen [1814] — Bei einem Wirte [1811]
— Ich bin vom Berg' [1806] — Jung Siegfried [1812]
— Singe, wem Gesang gegeben [1812]).

Als Dichter des 19. Jahrhunderts, die durch das Volks=
lied angeregt wurden, nenne ich noch: Robert Reinick (Ach,
du klarblauer Himmel [1850] — Wie ist doch die Erde so
schön [1833]); Wilh. Müller (Die Fenster auf [1825] —
Im Krug zum grünen Kranze [1821] — Das Wandern ist
des Müllers Lust [1818] — Der Mai ist auf dem Wege
[1821] — Am Brunnen vor dem Tore [1822]); Joseph
Freiherr von Eichendorff (Wer hat dich, du schöner Wald
[1810—13] — O Täler weit [1810] — Wem Gott will
rechte Gunst [1822] — In einem kühlen Grunde [1810]).
Letzteres lehnt sich an folgendes Volkslied an:

> „Dort hoch auf jenem berge,
> da get ein mülerad,
> das malet nichts denn liebe
> die nacht biß an den tag;
> die müle ist zerbrochen,
> die liebe hat ein end,
> so gsegn dich got, mein feines lieb!
> iez fahr ich ins ellend."
> (Uhland, Nr. 83.)

Hoffmann von Fallersleben (Deutschland über alles
[1841] — Treue Liebe [1839] — Frei und unerschütterlich
[1842] — Wer ist der greise Siegesheld [1871] — Abend
wird es wieder [1837] — Alle Vögel [1835] u. a.); Helmina
von Chezy (Ach, wie ist's möglich dann [1872]); Ernst
Freiherr von Feuchtersleben (Es ist bestimmt in Gottes
Rat [1826]); Franz Kugler (An der Saale [1826]);
Karl von Holtei (Schier dreißig Jahre [1827]); Justinus
Kerner (Dort unten in der Mühle [1830]); Karl Her=
loßsohn (Wenn die Schwalben [1841]).

II. Wesen des Volksliedes.

Den Ausdruck „Volkslied" wendet Herder als erster
in „Über Ossian und die Lieder alter Völker" (1773)
an, wahrscheinlich veranlaßt durch das französische „chanson
populaire", „poésie populaire", das englische „popular
song", „popular poetry". Die mittelalterlichen Schriftsteller
gebrauchten folgende lateinische Ausdrücke: carmen barbarum,
c. vulgare, c. seculare, c. triviale, c. rusticum, c. publi-
cum, carmina gentilia. Das deutsche Wort „Volkslied"
kannte man bis ins 16. Jahrhundert noch nicht. Dafür sagte
man: Purengesang, Bawrengesang, ein lied, ein new lied,
ein hübsch new lied, ein Reiterliedlein, ein Bergreihen,
Grasliedlin, Straßenlied, Gassengedicht, Gassenhawer, gute
Gesellenliedlein.

Über den Begriff „Volkslied"[1]) sind die Meinungen
sehr geteilt, wenn sie auch nicht mehr so weit auseinander-
gehen, wie etwa vor 100 Jahren. Herder stellt der ver-
nünftelnden, mit Gelehrsamkeit prunkenden, das Ausländische
nachahmenden, nur für den engen Kreis literarischer Fein-
schmecker geschaffen, der Kunstdichtung, das Einfache, Natürliche, vaterländisch Empfundene, die Volksdichtung gegenüber.
Ihm folgten die Herausgeber des „Wunderhorns" Achim von
Arnim und Clemens Brentano.

---

[1]) Liliencron, „Deutsches Leben im Volkslied um 1530"
(IX ff.): „Wo von dem lebenden Volkslied die Rede ist, da verstehen wir unter Volk nicht die Gesamtheit der Nation, sondern nur
die untern Schichten derselben, den gemeinen Mann, die in einfachen
Formen des Lebens verharrenden, im naiven Empfinden noch nicht
gestörten, mit dem frischen Leben und Weben der Natur noch innig
verknüpften und vertrauten Bewohner des Landes, der Wälder, der
Berge, des Seestrandes usw., im Gegensatze zu den gesellschaftlich
feiner und wissenschaftlich höher Gebildeten. Nicht so bei dem alt-
deutschen Volksliede; hier ist mit dem Volke vielmehr die ungeteilte
Gesamtheit der Nation gemeint; denn wir wissen, daß an dem Dichten
und Singen dieser Lieder alle Klassen und Stände der Nation sich
beteiligten, nicht allein das ‚Volk' im Sinne des ‚gemeinen
Mannes'... Es war damals allen im wesentlichen noch dieselbe
Stimmung und Auffassung gemein und alle fanden im Volksliede
den richtigen Ausdruck ihres eigenen Wesens."

Durch Jakob Grimm wurde die Gesamtheit als Urheberin des Volksliedes hingestellt: das Volkslied bilde sich selbst, das Kunstgedicht habe einen bestimmten Verfasser.

Seitdem hat man in einer Menge Schriften den „Volks=geist" zum Dichter des Volksliedes gemacht. Schon Aug. Wilh. von Schlegel warnt (1815) vor dieser Unterschätzung der Persönlichkeit. J. Suter („Das Volkslied und sein Einfluß auf Goethes Lyrik")[1] sagt: „Das ist wissenschaft=licher Mystizismus. Das Volk muß allerdings in gewissem Sinne auch poetisch sein, aber mehr rezeptiv als produktiv, indem es nämlich mit seiner Einbildungs= und Gefühlskraft bereit ist, das Gebotene aufzunehmen, ferner indem es mit seinen Geisteskräften den Maßstab gibt, wie hoch und wie weit der Volksdichter gehen darf, will er nicht sein Ziel ver=fehlen. Am sichersten wird einer aus dem Volke selber in der Regel den Ton treffen. Daher ist denn auch das Fehlen einer höheren Schulbildung und als Folge davon eine gewisse sprachliche Unbeholfenheit meist das Merkmal des Volksdichters. Aber daß der Name des Dichters in Vergessenheit geraten ist, ist mehr nur ein Zufall." Es gibt genug Volkslieder, von denen wir den Verfasser kennen, solche, wo sich derselbe am Schlusse mehr oder weniger deutlich selbst nennt, z. B.:

> „Gott wöll, daß uns gelinge,
> Und gebe uns ein sein göttlich Reich,
> Wer das begehrt, sprech: Amen!
> Das wünscht Euch immer ewiglich
> Martin Meyer mit Namen.
> Der hat das dicht' nach einer Sag,
> Do man zahlt 1500 und sieben
> Am Sankt Thomas Tag";

oder:

> „Der uns dies Liedlein hat gedicht
> Von diesem Zug so klug,
> Der war selber bei der Geschicht,
> da man die Walchen erschlug.

---

[1] XXIII. Jahresbericht über das Töchterinstitut und Lehrer=seminar in Aarau.

Witt Weber ist auch er genannt,
Zu Fryburg in Brißgaue
Ist er gar wohl bekannt. Amen!"

ober:

„Der uns dies Lieblein hat gedicht,
Von neuem hat er's zugericht,
Jörg Daypach tut er sich nennen."

Die Limburger Chronik des Johannes Tilman, der
die Lieder der Zeit von 1336—98 aufzeichnete, berichtet
uns sogar, wie ein aussätziger Mönch Lieder dichtete und
ins Volk brachte: „in diser zit (1347), funf oder ses jar
zuvor, da was uf dem Meine (d. h. im Mainland) ein monich
von den barfussen orden, der was von den luden (mhd. liute
„Gesellschaft") verwiset unde enwas nit reine. Der machte
di beste libe unde reien in der wernde oon gedichte unde
melodien, dae im niman uf Rines straume oder in disen
landen wol geliechen mochte. Unde was he sang, daz songen
die lude alle gern, unde alle meister, pifer unde ander
spellude furtan den sang unde gedichte ... unde was daz
alles lustig (anmutig)."

Als Dichter nennen sich am Schlusse ihrer Lieder der
Reuter (Böhme 51 b):

   13. „Der uns dis lieblein neu gesang
       und neues hat gesungen,
       das hat getan ein reuter gut,
       dem ist's gar wol gelungen, ja gelungen".

ober drei Ritter (Böhme 51a):

   15. „Und der uns dises lieblein sang,
       von newen hat gesungen,
       das haben getan drei ritter gut,
       zu Augspurg ist es erklungen".

ober ein freier Hofmann (Schlemmer) (Böhme 52):

   7. „Wer ist, der uns dis lieblein sang?
      ein freier hofmann ist ers genannt".

ober ein Landsknecht (Böhme 64):

>5. „— — —
>
>Das hat getan ein landsknecht gut,
>im ist es wol gelungen".

ober ein gut Gesell (Böhme 72):

>14. „Der uns das lieblein newes gesang,
>ein gut gesell ist ers genant".

ober ein armer Bettler (Böhme 46 A.):

>„Der uns das lieblein neu gesang,
>ein armer petler ist ers genant".

ober ein Pilgrim (Böhme 47):

>„Das hat getan ein pilgram gut,
>dem mit der frauwen ist gelungen".

ober ein Schreiber (Böhme 97):

>14. „Es sangs ein freier schreiber gut,
>vor freud tet er auffspringen".

ober zwei Kramerjungen (Böhme 108):

>7. „De uns dit letlin hebben gesungen,
>dat hebben gedan twe kramerjungen".

ober zwei Schlemmer (Böhme 169):

>6. „— — —
>
>Das haben getan zwen schlemmer gut,
>ein alter und ein junger".

ober ein Fischer (Böhme 194):

>12. „— — —
>
>Das hat getan ein fischer,
>ein junger und ein frischer".

ober ein **Student** (Böhme 266):

> 10. „Der uns das lieblein hat gemacht,
> groß lieb in darzu hat gebracht,
> bleibt ungenent, man in wol kent,
> ist ein student,
> den kleffern zu trotz und leiden".

ober ein **Jäger** (Böhme 489):

> 10. „Der das lied gemachet hat,
> ein jäger ist ers genannt";
> (ebenso B. 441, 446),

ober ein **Pfaff** (Böhme 476):

> 11. „— — —
> — — —
> das hat getan ein junger pfaff,
> ich habs gar wol vernummen."

Manchmal ist auch nur der Ort des Dichters genannt, z. B. in **Malers Töchterlein.** (Böhme 58a):

> 9. „Der uns das lieblin news gesang,
> von newen gesungen hat,
> das hat getan ein Salzburger,
> gott geb im ein sein gut jar!

Gräferin und Ritter. (Böhme 88):

> 7. „— — —
> — — —
> Das hat getan ein reuter gut
> zu Braunschweig in der stat.

Herzensschlüssel (Böhme 135):

> 8. „— — —
> — — —
> Das haben getan zwen hauer
> zu Freiberg in der stat.

Wurzgärtelein. (Böhme 141):

> 9. „Das hat getan ein zeltner und sein knecht
> zu Dannenburg in der stat.

Wenn auch die Ansicht von „dichtendem Volksgeiste“ heute kaum noch Verfechter finden dürfte, so ist doch nicht abzuleugnen, daß das Volk täglich sein dichterisches Können entfaltet, indem es die Lieder umgestaltet. John Meier, Professor an der Universität Basel, gibt folgende Definition vom Volkslied: „Als Volkspoesie werden wir diejenige Poesie bezeichnen dürfen, die im Munde des Volkes — Volk im weitesten Sinne genommen — lebt, bei der aber das Volk nichts von individuellen Anrechten weiß oder empfindet und dem gegenüber es, jeder im einzelnen Falle, eine unbedingt autoritäre und herrschende Stellung empfindet.“ „Fügen wir der Definition Meiers noch die Bestimmung bei, daß die Volkspoesie eine gewisse Dauer, eine gewisse Zähigkeit besitzen muß.“[1]

Moderne Lieder können zu Volksliedern werden, doch ob sie es werden, kann nur die Zeit entscheiden; denn was durch Jahrzehnte und Jahrhunderte im Volksliederhort bewährt wird, muß inneren Wert besitzen.

Ein eigentümlicher Zug des Volksliedes ist die Liebe zur Natur. Uhland sagt: „Es ist nicht die Selbsttäuschung eines empfindsamen Zeitalters, daß Lenzeshauch und Maiengrün, Morgen- und Abendrot, Sonnen- und Sternenglanz das Gemüt erfrischen; eben die jugendfrische Poesie der unverbildeten Völker ist von diesen Einwirkungen durchdrungen.“

Mit den Tieren verkehrt das naive Volk wie mit seinesgleichen. Bald sehen wir sie als Boten, bald als Warner, wie folgende Beispiele zeigen:

„Frau Nachtigall.“
(Uhland 15a, Böhme 166.)

12. Fraw Nachtigall schwang ir gefider auß,
　　sie schwang sich für eins burgers haus.

13. Da sie kam für des burgers haus,
　　da lugt das braun meidlein zum fenster auß.

14. „Gott grüß Euch, jungfraw hüpsch und fein!
　　da schenk ich Euch (vom Schatz) ein ringelein.“
　　usw.

---

[1] Reuschel, „Volkskundliche Streifzüge“.

„Goldmühle."
(Uhland 32a, Böhme 182.)

1. Dort niben in jenem holze
leit sich ein mülen stolz,
sie malet uns alle morgen
das silber, das rote golb.

2. Dort niben in jenem grunbe
schwemmt sich ein Hirschlein fein;
was fürt es in seinem munde?
von golb ein ringelein.
(4 Str.)

Rosenkranz.
(Uhland 114, Böhme 66, Goedecke Tittmann 85.)

1. Traut Henslein über die heibe reit,
er schoß nach einer tauben,
da strauchelt im sein apfelgraw roß
über eine fenchelstauben.

2. „Und strauchel nit, mein grawes roß!
ich wil birs wol belonen,
bu mußt mich über bie heibe tragen
zu Elselein, meinem bulen."
(7 Str.)

Eine bedeutende Rolle spielen Jahreszeiten im Volks=
liebe. Lenz und Liebe waren von jeher unzertrennbar:

Der meie, der meie,
ber bringt uns blümlein vil,
ich träg ein freis gemüte,
got weiß wol wem ichs wil.
(Uhland 19.)

Sommerlust spricht aus folgendem:

Der sommer und der sonnenschein
ganz lieblich mir das herze mein
erquicken und erfrewen,
baß ich mit lust im grünen gras
mag springen an den reigen.
(Uhland 39.)

An den Winter knüpft an:

„Nun fall, du reif, du kalter schne
fall mir auf meinen Fuß!
das megdlein ist über hundert meil
und das mir werden muß.“

Oft wird auch das Naturbild als Kontrast zur Stimmung des Liedes wirkungsvoll verwendet:

„Es geht ein frischer summer daher
und ein vil liechter schin;
ich het mir ein bulen erworben,
da schlug das unglück drin.“

Auch den Vergleich wendet das Volkslied oft an:

„Wenn das Wasser aufwärts rinnet
Und die Felsen stürzen ein,
So lang‘, als das Feuer brinnet,
So lang‘ soll mein Lieben sein“;

oder:

„Wenn der Mühlstein träget Reben,
Und daraus fließt kühler Wein,
Wenn der Tod mir nimmt das Leben,
Hör‘ ich auf getreu zu sein.“

Eine Eigentümlichkeit des Volksliedes ist eine gewisse Formelhaftigkeit. „Einzelne Bilder, Wendungen, Reime, die bequem zu handhaben sind und sich leicht einfügen, er=weisen sich von so nachhaltender Kraft, daß wir sie in den verschiedensten Verbindungen wiederfinden, z. B.: ‚O Mutter, liebste Mutter mein‘ — ‚O Tochter, liebste Tochter mein‘ — ‚O Reitknecht, lieber Reitknecht mein‘. — Eine beliebte Eingangsformel ist das einführende ‚es‘: ‚Es steht eine Lind‘ — ‚Es ritt ein Jäger‘ — ‚Es wollt‘ ein Jäger früh aufstehn‘ — ‚Es wollt‘ ein Mägdlein tanzen gehn‘ — ‚Es wollt‘ ein Mägdlein Wasser hol’n‘. — Viel angewendet wird das pleonastische es: ‚in Schwaben bin ichs erzogen‘, ‚Ein Körblein trug sies am Arme‘. — Noch mehr Verbreitung fand die Frageform: ‚Was zog er aus seiner Tasche? Ein Messer‘ usw. ‚Was zog er von seinem Finger? Ein rotes Goldringelein'. — Diese stereotypen Formen und Wendungen erleichterten nicht wenig das Behalten der Lieder im Gedächtnisse."[1])

Eine sprachliche Eigentümlichkeit ist das häufig vorkommende eingeschobene „und", z. B.: „Am letzten und do ich bei ir war", „den Ring und den ich hab von dir", „sie gingen in den garten und da der Schreiber saß", „die erste blume und die er brach". Auch als Einleitung wird das und gebraucht, z. B.: „Und euer Schlafbul der bin ich nicht." Oft werden die Pronomina „ich" oder „du" weggelassen, z. B.: „treulich dich warten will", „Wollte wünschen, 's wäre Nacht und mein Bettchen wär gemacht", „Kommst mir zwar aus den Augen, aber nicht aus meinem Sinn!"

Nicht selten wird auch das „sich" gebraucht, z. B.: „Das sol sich tun fraw Nachtigall", „Dort niden in jenem holze leit sich ein mülen stolz". — Eigentümlich sind auch folgende beliebte Satzverkürzungen: „Da reit er über ein arben, was grün", „Wol über ain haid, ist breit."

Jedem werden die stehenden Beiwörter im Volksliede auffallen: das tiefe Tal, — der hohe Berg, — das Röslein rot, — der Knabe jung, — das schwarzbraune Mägdelein.

Oft kommen die Verkleinerungswörter vor: „Klein Hänslein über die Heide ritt", — „von Gold ein Ringelein", — „Ich hört' ein Sichlein rauschen", — „Ich hört' ein Mägdlein klagen."

Eine weitere viel beobachtete Eigentümlichkeit ist es, von einer Sache oder Person erst anzugeben, was sie nicht ist, um dann das Richtige zu nennen:

„Es ist kein Schelm und auch kein Dieb,
es ist der Edelmann, der hat dich lieb."

Zuletzt sei noch einer Eigentümlichkeit vieler Volkslieder, des Kehrreims, gedacht.

So schwach das Volkslied im streng geregelten Versmaß, so nachlässig es auch im Endreim ist, im Kehrreim ist es in der Regel stark, sicher, korrekt. „Durch das Einstimmen

---

[1]) Nach A. W. Grube „Ästhetische Vorträge". 2. Bd., S. 8 ff. (Verl. Bädeker=Iserlohn 1864.)

aller wird, was der einzelne gesungen hat, bekräftigt."
(Grube, Ästhetische Vorträge, Bd. II, p. 103ff.). Bekannt
ist der Kehrreim des Liedes:

> Sie gleicht wohl einem Rosenstock:
> „Röslein auf der Heiden"
>
> (Uhland, Nr. 56)

oder der des alten Schlemmerliedes:

> Frisch auf, gut g'sell, laß rummer gahn!
> „tummel dich, tummel dich, gut's weinlein!"

Unter den neueren Liedern sind es vor allem die Ge=
sellschaftslieder, die den Kehrreim aufweisen: „Vom hoh'n
Olymp" — „Freut euch des Lebens" u. a., und viele Vater=
landslieder: „Deutschland über alles" — „Es braust ein
Ruf" — „Kennt ihr das Land" — „Was blasen die Trom=
peten" — „Was glänzt dort vom Walde?" u. a. m. Auch
Kinderlieder haben oft Kehrreime: „Schlaf, Kindlein schlaf"
— „Sum, sum, sum" — „Winter ade" usw.

Oft ist der Meinung Ausdruck gegeben worden, als ob
eine gewisse Unklarheit, ja Zerfahrenheit zum Wesen des
Volksliedes gehöre. Es ist zwar beim Volkslied oft nötig,
daß man manches ahne, das bringt einesteils schon die knappe
Form des Volksliedes mit sich. Meist ist die manchmal
vorkommende Zerfahrenheit aus der Gedankenlosigkeit des
singenden Volkes, das oft mehrere Lieder miteinander ver=
mengt, zu erklären.

Bei aller Mangelhaftigkeit im Versbau besitzt das
Volkslied doch eine Eigenschaft, welche es dem Herzen doppelt
nahe führt. Es ist seine Sangbarkeit. „Die Melodien
sind das eigentliche Leben der Volkslieder, wodurch diese erst
ihren zauberhaften Reiz bekommen."

Wie sind nun die alten Lieder auf uns gekommen?[1]

Für die Erkenntnis des alten Volksgesanges ist der
neuere eine sehr wichtige Quelle.

Eine zweite Quelle ist die gleichzeitige handschriftliche
Aufzeichnung, selten auf einzelnen Blättern, häufiger in

---

[1] Nach Hildebrand „Geschichte des deutschen Volksliedes", S. 72.

Sammelhandschriften, b. h. Bänden, in denen sich ein Bücher=
freund, eine Familie oder dgl. eine kleine Bibliothek gleichsam
in einem Bande anlegten.

Die Hauptquelle sind Drucke, am reichsten aus dem
16. Jahrhundert, nur wenige schon aus dem 15. Jahrhundert.
Zuerst die sogenannten fliegenden Blätter. Ihr gewöhn=
lichster Titel war: Schöne und hübsche neue Lieder
(selten mit Melodien). In Leipzig, Straßburg, Basel, Augs=
burg, Nürnberg waren gewisse Druckereien darin besonders tätig.

Davon wurden schon damals Sammlungen von Lieb=
habern gemacht.

Über die Form der alten Volkslieder.

Der Volksgesang war jederzeit Strophengesang; durch=
komponierte Texte waren nie dem Volksgesange eigen. Jede
Strophe (Gesätz) ist aus einer Anzahl von Versen (Zeilen)
aufgebaut. Der Volksgesang geht selten über 8 Strophen
hinaus. Jede Verszeile besteht aus Hebungen und Senkungen.
Von jeher wurden im Volksgesange nur die Hebungen,
nie die Silben gezählt. Alles, was zwischen den Hebungen
ist, ist dem Volkssänger gleichgültig. Die metrischen Uneben=
heiten gleicht die Musik aus. Unsere Volkslieder vom
12. Jahrhundert ab zeigen sämtlich den Endreim, wenn auch
selten rein. Erwähnt sei noch, daß die meisten deutschen
Volkslieder mit Auftakt, nur wenige mit Volltakt anfangen.

Die musikalische Seite des Volksliedes.

Singend ist das Volkslied entstanden, und singend hat
es sich fortgepflanzt. Oft erfand der Dichter die Weise gleich
mit, oft legte er seine Dichtung, um ihr weite Verbreitung
zu sichern, einer bekannten Melodie unter. Wir lesen dann
über den Liedern: „Im Ton vom Graffen zu Rom" — oder
„Im Herzog Ernst Ton" — oder „Im Ton: Es kommt
ein frischer Sommer daher" — oder „Im Stortebekerton"
— oder „Im Lindenschmidston" — oder „Im Bruder
Veitenton" — oder „Im Pavierton" usw.

Manchmal verfaßte auch ein anderer zu einem neuen Liede eine neue Weise, wie aus folgendem, aus dem Anfange des 15. Jahrhunderts herrührendem Verse hervorgeht:

> „Die Weisen zu den Liedern,
> Die han ich nicht selbst gemachen,
> Ich will Euch nicht betriegen,
> Es hat's ein andrer getan,
> Fröhlich und auch lachen;
> Ob ich's Euch sagen wollt',
> So seit ich's Euch zwar recht,
> Die Weisen hat gemacht Burk Mangolt,
> Unser getreuer Knecht." —

Leider sind viele alte, berühmt gewesene Weisen verloren gegangen. Das Volk hatte nicht Lust und Zeit und vor allem nicht Geschick, sie aufzuzeichnen. Die gelehrten Musiker aber, die das Aufzeichnen verstanden hätten, verachteten lange Zeit das Volksprodukt. Im 15. und besonders in der 1. Hälfte des 16. Jahrhunderts fanden sich dann sachkundige Tonmeister, die sich zur Aufzeichnung herabließen. Im 15. Jahrhundert begegnen wir der ältesten uns erhaltenen Sammlung von Volksliedern, dem Lochheimer Liederbuche.[1]) Im 16. Jahrhundert schließen sich auch manche ausgiebige mehrstimmige Sammelwerke an: die des Heinrich Finck (1536), Forster (1539), J. Ott (1534). Wichtig war es weiter, daß im 15. und 16. Jahrhundert geistliche Lieder auf weltliche Weisen gesungen und letztere so erhalten wurden. So legte man der Melodie: „Aus fremden Landen komm' ich her" das Lied „Vom Himmel hoch, da komm' ich her" unter, der Melodie „Insbruck, ich muß dich lassen": „O Welt, ich muß dich lassen", der Melodie „Mein G'müt ist mir verwirret, das macht ein jungfrau zart": „Herzlich tut mich verlangen", „Nun schürz dich, Gretlein, schürz dich": „Nun sich der Tag geendet hat", „Venus du und dein Kind": „Auf meinen lieben Gott", dem Lindenschmidton „Was woll'n wir aber heben an": „Kommt her zu mir, spricht Gottes Sohn" usw. Auch in den alten Lautenbüchern und

---

[1]) Eigentlich „Lochamer Liederbuch."

in den Quodlibeten, die sich die Stadtpfeifer zurechtstutzten, sind manche alte Volksliedermelodien erhalten.

Die weltlichen Melodien zu deutschen Volksliedern können wir höchstens bis Anfang des 13. Jahrhunderts zurückverfolgen, das sind die Weisen zu Nitharts Liedern und die etwas späteren Melodien des Jenaischen Minnesinger-Kodex. Damit ist aber nicht gesagt, daß nicht einige Volksmelodien weit älter sind. Einige sind jedenfalls schon im 12. Jahrhundert entstanden, so die Wallfahrtslieder: „Christ ist erstanden" und „In Gottes Namen fahren wir."

Im Volksmunde sind die Weisen des 15. und 16. Jahrhunderts gänzlich ausgestorben.

An der Scheide des 17. Jahrhunderts sind die alten verklungen, und neue Weisen des neuen Tonsystems (Dur und Moll) entstanden.

Die ältesten jetzt noch gesungenen Volksweisen lassen sich höchstens bis zum Anfange des 18. Jahrhunderts zurückverfolgen.

Beim Lesen der Komponistennamen der volkstümlichen Lieder fällt uns auf, daß da weniger berühmte Komponisten wie Johann Abraham Peter Schulz (geb. 30. März 1747 zu Lüneburg, gest. 10. Juni 1800 zu Schwedt a. O. als ehemalig dänischer Kapellmeister, den Hoffmann von Fallersleben in „Unsere volkstümlichen Lieder" mit 57 Liedern anführt), Johann Friedrich Reichardt (geb. 25. Nov. 1752 zu Königsberg, gest. 27. Juni 1814 zu Giebichenstein bei Halle — mit 77 Liedern), Karl Friedrich Zelter (geb. 11. Dez. 1758 in Berlin, gest. dort den 15. Mai 1832 — mit 45 Liedern), Hans Georg Nägeli (geb. 27. Mai 1773 zu Wetzikon im Kanton Zürich, gest. 26. Dez. 1836 in Zürich — mit 12 Liedern), Friedrich Silcher (geb. 27. Juni 1789 zu Schnaith bei Schorndorf, Universitätsmusikdirektor zu Tübingen, gest. dort am 26. Aug. 1860 — mit 38 Liedern) usw. mehr für das singende Volk getan haben als unsere Großmeister J. S. Bach, Händel, Beethoven, Wagner.

3*

III. Einteilung des Volksliedes.

A. Das geistliche Volkslied.

Die Anfänge des geistlichen Volksliedes liegen im 9. Jahrhundert. Bis tief ins 9. Jahrhundert hinein scheint das Kyrie die einzige Art des geistlichen Volksgesangs gewesen zu sein.

Nicht nur bei kirchlichen Feiern, auch als Schlachtruf war das Kyrie üblich. So heißt es im Ludwigslied[1]) (dem ältesten historischen Liede in deutscher Sprache, am Ende des 9. Jahrhunderts verfaßt, das den Sieg Ludwigs III. über die Normannen bei Soucourt 881 besingt):

Ther kuning reit kuono,	Sang lioth frôno,
Der König ritt kühn,	sang heiliges Lied,
Joh allê saman sungun:	„Kyrie leison!"
und allesamt sangen:	„Kyrie eleison!"
Sang was gisungan,	Uuîg uuas bigunnan
Sang war gesungen,	Kampf war begonnen
Bluot skein in uuangôn:	Spilôdun ther urankôn.
Blut schien auf den Wangen:	es kämpften froh die Franken.

Sogar beim Aus= und Eintreiben des Viehes oder wenn ein mit Wein beladener Wagen ins Wasser gefallen war, rief man „Kyrie eleison". Im 9. Jahrhundert begann man, den langgezogenen Tönen des Kyrie deutsche Worte unterzulegen.

Man nannte diese Lieder Kirleisen oder kurzweg Leisen und sang sie bei Wallfahrten, Bittgängen, Kreuz= und Heerfahrten und auch beim Beginne der Schlacht.

Auf diese Weise gelangte das Volk allmählich zu seinem geistlichen Liede. Die Verfasser waren Geistliche.

Neben der lyrischen entstand bald eine epische geistliche Volkspoesie, eine Verquickung heidnischer Mythenbestandteile und christlicher Heilswahrheiten, wie wir am Heliand sehen.

---

[1]) Siehe Erk Th. II, S. 2.

Um die anstößigen heidnischen Volksgesänge zu verdrängen, dichtete Otfrid von Weißenburg ein reinchristliches Epos, den Krist. Die Geistlichkeit des 10. und 11. Jahrhunderts hatte kein Verständnis für die poetischen Bedürfnisse des Volks. Als Bernhard von Clairvaux das Kreuz predigte, da erwachte auch Psalter und Harfe wieder. Unter den Kreuzfahrern wird namentlich den Deutschen nachgerühmt, daß sie geistliche Lieder angestimmt hätten. Das Volk beginnt, seine Poesie selber in die Hand zu nehmen. So brachte jene Zeit „Christ ist erstanden". Aus dem 12. Jahrhundert stammt das Pfingstlied „Nun bitten wir den heiligen Geist", dessen Melodie wohl gleichzeitig entstanden ist.

Spervogel, ein fahrender Sänger aus der Zeit des Minnesangs, singt das edle Weihnachtslied: „Er ist gewaltig und stark."

Noch höheren Aufschwung nahm das geistliche Volkslied unter des Reiches Elend und Zerrissenheit. Als im 14. Jahrhundert Deutschland seufzte unter Faustrecht und Interdikt, da war für das geistliche Volkslied die eigentliche Blütezeit gekommen. Unter den Liedern der Mystiker, die sich grundsätzlich der deutschen Sprache bedienten, sind besonders zu erwähnen diejenigen Taulers († 1361).

Die Geißlerbrüder[1]) (auch Loitzenbrüder von den Loitzen oder Leisen, die sie sangen) trugen viel zur Verbreitung des geistlichen Volksliedes bei.

Vereinzelt drang deutscher Gesang gegen Ende des 14. Jahrhunderts in den kirchlichen Gottesdienst ein. Immer allgemeiner wird das Verlangen des Volkes nach dem Worte Gottes in der Muttersprache. Bei den altherkömmlichen kirchlichen Spielen wollte man nicht bloß sehen und hören, sondern auch mitsingen. Bei dem Kindleinwiegen erklangen deutsche Weihnachtslieder im Chor, z. B.: „Sausa minne, schlaf Kindlein, schlaf", das Luther in seinem Weihnachtsliede „Vom Himmel hoch" erwähnt: „Das rechte Susanine springen und singen immer frei." Danach hat man wohl auch um das Christkind getanzt in der Kirche.

---

[1]) Über Geißlergesang siehe Erk Th. II. S. 9—13.

Lehrreich ist die sogenannte Mischpoesie: „In dulci jubilo, nun singet und seid froh" u. a. Aus der vorreformatorischen Zeit haben wir die bereits evangelisch empfundenen Lieder „Es ist ein Ros entsprungen" — „Schönster Herr Jesu." Das Weihnachtslied „Gelobet seist du, Jesu Christ" wurde schon vor der Reformation im Gottesdienste deutsch gesungen. (Luther hat die 1. Strophe aus dem Volksmunde übernommen und 6 weitere Strophen hinzugedichtet. Auch die Melodie war geistliche Volksmelodie schon vor Luther).

Der Gedanke lag nahe, das weltliche Volkslied für das geistliche fruchtbringend zu machen. Beliebte weltliche Strophenformen wurden herübergenommen. Auch in der Einfachheit und Unmittelbarkeit der geistlichen Lieder erblickt man den Einfluß des weltlichen Liedes. Um die geistlichen Volkslieder dem Volke mundrecht zu machen, legte man sie beliebten Volksweisen unter, so dem Lindenschmidton (Kommt her zu mir), dem Bruder Veitston und anderen, oder man bildete weltliche Lieder unter Beibehaltung der Melodie einfach um. Man trieb diese Art Parodierung mit ziemlicher Unbefangenheit. So lautete ein Volkslied:

1. „Ich stand an einem Morgen
    Heimlich an einem Ort,
    Da hatt' ich mich verborgen
    Ich hört' klägliche Wort'
    Von einem Fräulein hübsch und fein,
    Sie sprach zu ihrem Buhlen:
    ‚Muß denn geschieden sein?'" usw.

In seiner Umbildung (aus Dr. H. Knausts Gassenhauer, Reuter- und Bergliedlein christlich verändert) heißt es:

1. „Ich stand an einem Morgen
    Heimlich an einem Ort,
    Da hielt ich mich verborgen,
    Ich hört' klägliche Wort'
    Von einem frommen Christen fein,
    Er sprach zu Gott, sein'm Herren:
    ‚Muß denn gelitten sein?'"

oder:

> „Kein größer Freud auf Erden ist,
> den wer bei seiner Liebsten ist,
> bei seiner Liebsten alleine" usw.
>
> (Erk II, 401.)

Parodie (Bremer Gesangbuch 1575):

> „Kein besser freudt auff Erd nicht ist,
> Denn wer von Herzen zufrieden ist,
> Und dienet Gott dem Herrn" usw.

Das Lied:

> „Die Brünnlein, die da fließen,
> die soll man trinken,
> und wer ein steten Bulen hat,
> der soll ihm winken,
> ja winken mit den Augen
> und treten auf ein Fuß;
> es ist ein harten Orden,
> der seinen Bulen meiden muß",

verwendete Conz Löffel (um 1500) zu folgender geistlichen Umdichtung:

> „Der Gnaden=Brunn thut fließen,
> Den soll man trinken!
> O Sünder, du solt büßen,
> Dir thut Gott winken
> Mit seinen gütigen Augen
> Und richt dir deinem Fuß.
> Wol durch das Wort des Glaubens
> Christus allein dir helfen muß."

Auch das etwas bedenkliche Lied „Laß Fragen sein" (Uhland 258, Erk 460a):

> „Wo find ich dann deines vatters haus?
> seuberliches megdlein!"
> „ja das gäßlein auß und auß,
> so findst du meines vatters Haus.
> Schweig still und laß dein Fragen sein"

erfuhr geistliche Parodierung:

„Wo find ich deines Vaters Haus,
allerliebstes Jesulein?
Die enge Straß geh ein und aus,
da findest meines Vaters Haus.
Schweig still, schweig still, laß Fragen sein!

Als Überarbeitungen weltlicher Lieder seien noch ge=
nannt: „Den liebsten Buhlen, den ich han“: „Den liebsten
Herren, den ich han“ — „Insbruck, ich muß dich lassen“:
„O Welt, ich muß dich lassen“. Das Volk vertrug solche
Sachen.

In dem vorreformatorischen Liede war der Grund zum
Liede der Reformation gelegt. Luther wollte und konnte
nichts Neues schaffen. Sein Verdienst war es, daß er aus
dem religiösen Volksliede das evangelische Kirchenlied machte
und es damit zum wesentlichen Bestandteile des evangelischen
Gottesdienstes erhob.

Mit dem Dichten von Liedern, teils frei, teils nach
Psalmen, hatte Luther schon 1523 begonnen. 1524 erschien
in dem sogenannten Achtliederbuche oder „kleinen Enchi=
ridion“ das erste Kirchengesangbuch. In demselben Jahre
schon folgte das Erfurter Enchiridion mit 25 Liedern und
das Walthersche Chorgesangbuch mit 32 Gesängen. Rasch
folgten die Enchiridien von Straßburg, Nürnberg, Erfurt,
Zwickau. Dann griff Luther selbst wieder ein durch Redi=
gierung des sogenannten Klugschen Gesangbuches von
1529, welches man das erste autorisierte evangelische Kirchen=
gesangbuch nennen kann.

Über Luthers Tätigkeit als Liederdichter hier mehr zu
schreiben, verbietet der enge Rahmen des Büchleins. Luther
hatte von vornherein das Gefühl, daß der Gesang das Werk
der Gemeinde sein solle. Stimmbegabte Glieder der Ge=
meinde sollten den Chor bilden, nicht eine Kapelle von
besoldeten Kunstsängern. Die „Torgauer Kantoreigesellschaft“
war der erste freiwillige kirchliche Gemeindegesangverein.
Diese Einrichtung war auch von Einfluß auf die Komposition.
Die Formen wurden einfacher, die Melodie rückte aus dem
Tenor in die Oberstimme (zum ersten Male planmäßig aus=
gesprochen bei Osiander: „50 geistliche Lieder und Psalmen“).

Der Eindruck der lutherischen Lieder auf seine Zeit=
genossen war ein gewaltiger. Bald entstanden geistliche Lieder
in Menge.

Die Zeit von 1530—1618 war für das geistliche Lied
keine günstige. Das Lehrhafte herrscht vor, die Sprache wird
ungefüger, der Versbau ist vernachlässigt. Das Elend des
30 jährigen Krieges förderte manches geistliche Lied zu Tage.
Aus dieser Zeit ist vor allem Paul Gerhardt zu nennen.

An Stelle des religiösen Volksliedes tritt später der
geistliche gebildete Gesang. Gellerts Lieder sind noch das
Beste aus dieser Zeit.

Zum Schlusse seien noch zwei weitverbreitete geistliche
Volkslieder aus dem Anfange des 19. Jahrhunderts genannt:
„O du fröhliche, o du selige" (deutscher Text von
J. Daniel Falk — 1816) und „Stille Nacht" (gedichtet
von Jos. Mohr am 24. Dez. 1818, komponiert an dem=
selben Tage von Franz Gruber und abends vom Dichter
gesungen und vom Komponisten auf der Gitarre begleitet in
der Kirche zu Oberndorf bei Salzburg).

Neueren Aufschwung nahm das geistliche Volkslied unter
Schenkendorf, Arndt, Rückert, Spitta, Sturm,
Gerok u. a.

B. Das historische Volkslied. [1])

„Es war die uralte Gewohnheit der Deutschen", sagt
Lessing, „ihre Geschichte in Lieder und Reime zu fassen,
und diese Gewohnheit hat sich sehr lange erhalten ... In
diesen Liedern erschallte gemeiniglich die Stimme des Volkes,
und wenn geschehene Dinge nicht mit dichterischen Farben
darin ausgeschmückt waren, so waren sie doch mit Empfin=
dungen verwebt, die man wirklich dabei gehabt hatte." Die
große Anzahl der noch bekannten historischen Volkslieder setzt
uns in Erstaunen. [2]) Keine andere Nation kann sich in dieser
Beziehung mit den Deutschen messen.

---

[1]) Vilmar, „Handbüchlein für Freunde des deutschen Volks=
liedes". 3. Aufl. von Dr. Otto Böckel, S. 9 u. f. (Marburg,
N. G. Elwert 1886.)
[2]) Soltau: „Hundert historische Volkslieder". — Leipzig, 1836.
Körner: „Historische Volkslieder des 16. und 17. Jahrhunderts". —

Historische Lieder wurden besonders im 15. und 16. Jahrhundert gesungen. Streng genommen sind die meisten historischen Lieder politisierender Natur. Sie vertreten die Stelle der damals noch fehlenden Zeitungen.

Oft machten die Dichter auf höheren Befehl politische Stimmung. So vertritt Hans Kugler in seinem Bericht über die Gefangennahme Schüttesamens die Partei der Nürnberger und empfiehlt sich dem Wohlwollen des Stadtrates:

> „Der uns des lieblein newes sang,
> von newen gesungen hat,
> er hats geschenkt aim weisen rat —
> zu Nürnberg in der stat;
> Hans Kugler ist er genannt,
> er war ihr stäter Diener
> und dienet in all zu hant."

Hans Umperlin schenkt 1516 sein Lied dem hart bedrängten Ulrich von Württemberg:

> „Der uns des lieblin newes singt,
> der nennt sich Hans Umperlin,
> er hat zwelf lebendige kind
> und seind die sibne klain,
> darzu hat er gar wenig korn;
> das lieblin will ich schenken
> meinem fürsten hochgeborn."

Auch als Spottlieder wurden historische Volkslieder gesungen. Besonders beliebt war das Spottlied „Hat dich der schimpf gerewen", auf das auch Luther in dem 1523 entstandenen Liede auf die zwei evangelischen Märtyrer zu Brüssel anspielt:

> „Der schimpf si nu gerewet hat,
> sie woltens gern schön machen,

München, 1840. Hildebrand: „Soltau, historische Volkslieder", zweites Hundert. — Leipzig 1856. R. v. Liliencron: „Die historischen Volkslieder der Deutschen", (4 Bände) — Leipzig, 1865—69. v. Ditfurth: „Historische Volkslieder der Zeit von 1756—1871", und „Die historisch-politischen Lieder des 30jährigen Krieges".

sie türn nicht rümen sich der tat,
sie bergen fast die sachen,
die schand im herzen beißet sie
und klagens irn genoßen:
doch kan der geist nicht schweigen hie:
des Habels blut vergoßen,
es muß den Kain melden."

(Uhland, Nr. 351, Str. 9.)

Ein anderes viel variiertes Spottlied beginnt: „O du armer Judas, was hast du getan?" Kaiser Max ärgerte mit dem Judasliede 1490 die Regensburger, die ihm Widerstand leisteten.

Als 1525 die Bauern endlich vor dem Würzburger Schloße abzogen, „da" heißt es in einer Chronik „war ein großes frohlocken und schreien im ganzen schloß Marienberg; der thürmer auf dem mittlern thurn blies den bauern das gemein lieblein: ‚hat dich der schimpf gereuen, so zeug du wieder heim.‘ So ward der fordere thürner herab auf die schüt geführt und blies den Wirzburgern den armen Judas: ‚o du armer Judas, armer Judas, ach was hastu getan.‘"

Luther parodierte das Lied in seiner Schrift gegen Hans Worst (Herzog Heinrich von Braunschweig): „Ach du arger Heinze, was hast du getan, daß du vil frommer Menschen durchs Feuer hast morden lan ... Kyrioleis."

Die historischen Volkslieder sind entweder streng historische Volkslieder, d. h. solche, welche eine wirkliche Begebenheit darstellen, oder historische Volkslieder im weiteren Sinne, welche nur Zustände des Volkes, der Zeit schildern, oder historische Volkslieder im weitesten Sinne, in denen zwar Begebenheiten dargestellt werden, die aber doch nur im allgemeinen auf einem bestimmten Ereignisse fußen, ihren Stoff vielmehr aus den allgemeinen Zuständen dichterisch schöpfen. Diese Klaffe enthält zum überwiegenden Teile die Schilderung trauriger Begebenheiten, meist zweier Liebenden und greift somit in die Abteilung der erotischen Volkslieder über.

Als weitverbreitetes, streng historisches Volkslied sei zunächst genannt: „Eppele von Gailingen" (Nürnbergs

unversöhnlicher Feind, endlich gefangen genommen, wurde er
1380, 70jährig zu Neumarkt in der Oberpfalz durchs Rad
vom Leben zum Tode gebracht), (Erk, Lh. II, 230; Uhland,
135: Liliencron, 28), dann „Die Schlacht bei Sem=
pach“ (in dieser Schlacht [1386] kämpften die Schweizer
im Solde von Frankreich gegen die kaiserliche, päpstliche und
österreichisch=spanische Armee, erlitten aber eine furchtbare
Niederlage) (Erk II, 231; Uhland 160; Liliencron 33),
ferner „Der Stortebecker“ (Lied auf die 1402 in Ham=
burg gefangenen und hingerichteten Seeräuber Störtebecker
und Gödje Michael) (Erk II, 233; Liliencron 44; Wun=
derhorn II, 162), dann „Der Schüttesam“ (bedeutet soviel
wie „Schütt der soum! rüttle, wirf ab die Soumlast.“ War
nicht der Eigenname, sondern die Bezeichnung für einen
Wegelagerer, der die beladenen Saumrosse plünderte. Der
hier besungene Schüttesam wurde 1474 zu Nürnberg ver=
brannt) (Erk II, 242; Uhland 136; Liliencron 127) und
„Das Dollerlied.“ „Der Lindenschmid“, dessen Melodie
uns in dem Chorale „Kommt her zu mir“ erhalten ist, sei
hier angeführt:

Lindenschmid.

Nach J. Ott. 1534.

1. Was wölln wir sing'n und he=ben an? Das best das

wir ge=ler=net han, ein neu=es Lied— zu

sin=gen; wir sing'n von ei=nem E=del=mann, der

heißt Schmid von der Lin=den, ja Lin=den.

2. Der Lindenschmid hat einen Sohn,
   Der schwang den Rossen das Futter vor.
   Über eine kleine Weile;
   Er lag dem Markgrafen in dem Land
   Und war ihm viel zu geschwinde.

3. ‚Frau Wirtin, ist der Wein hie gut?
   Ist hie noch Stallung genug?
   Viel Wägen werden kommen:
   Sie fahren von Augsburg ab und zu,
   Fränkisch Gut haben sie geladen.‘

4. „Allhie ist der kühle Wein gut,
   Hie ist auch Stallung und Futter gnug,
   Drei Rößlein stehn darinnen,
   Sie kommen eim reichn Edelmann zu:
   Der heißt Schmid von der Linden.“

5. Sobald als sie das Wort aussprach,
   Junker Casper in den Stabel trat,
   Den Lindenschmid wollt er fangen.
   Er schlug und stach alles, was er sah:
   „Lindenschmid, gib dich gefangen!“

6. ‚Soll ich denn dein Gefangner sein,
   Das klag ich Gott von Himmelreich
   Und seiner werten Mutter;
   Wär ich drei Meilen jenseits dem Rhein
   Wollt ich dir wol entreiten.‘

7. „Auf jenseit den Rhein kommst du nit,
   Das ist dir desto lieber nit,
   Es ist dir misselungen;
   Du hast mir großen Schaden getan,
   Darum gib dich gefangen.“

8. „Wirtin zapf uns einen kühlen Wein
   Und laßt uns frisch und fröhlich sein,
   Laßt uns essen und trinken!
   Auf daß dem hübschen Lindenschmid gut
   Sein junges Herz nicht versine.“

9. ‚Was soll ich frisch und fröhlich sein?
   Es trifft mir an das Leben mein,
   Ich mag weder trinken noch essen,
   Ich bitt nur um das Wasser allein,
   Daß ich mein Wunden mag wäschen.‘

10. „Ach Lindenschmid, sei wolgemut!
    Das Wasser soll dir sein bereit,
    Damit du dein Wunden solt wäschen:
    Bis Freitag kommt der Meister ins Land,
    Der führt das Wasser in der Scheiben.“

11. ‚Ach kann und mags nicht anders gesein,
    So bitt ich für den jüngsten Sohne mein,
    Der Reuter ist noch junge;
    Hat er euch etwas Leids getan,
    Dazu ist er gedrungen.‘

12. Junker Caspar, der sprach nein darzu:
    „Das Kälblein muß folgen der Kuh;
    Da wirds nicht anders gesprochen,
    Und wenn der Jüngling sein Leben behielt,
    Seins Vaters Tod würde gerochen.“

13. Auf einen Freitag das geschah,
    Daß man den Lindenschmid richten sah,
    So fern auf grüner Heiden,
    Da sah man den edlen Lindenschmid
    Von guten Gesellen scheiden.

(Uhland 39, Liliencron, hist. Volksl. 178, Böhme 376, Erk, Lh. II, 246.)

Goethes Urteil über das Lindenschmidslied: „Von dem Reiterhaften, Holzschnittartigen der besten Sorte.“

Aus der Zeit der Türkenkriege stammt: „Wie der Türk Wien belegert und mit schanden abzogen“ (im Ton von Toll, d. h. des Liedes „Vermerkend großen Kummer“ vom Jahre 1479 auf die Einnahme Doles durch die Franzosen):

1. Ir Cristen all geleiche,
merkt auf mit sunderm vleiß,
wie es in Österreiche
geschechen in schneller weis
vom Türken, als er zoche
für Wien wol für die stat;
iedoch hat er nit mügen
uns Cristen uberserßigen,
lob sei dem höchsten got!

2. Am sambstag nach Matthei
am erst den Türken man sach
mit seiner tyranneie
bei sant Marx auf der höch;
da hat er auch geschlagen
für die stat umb und umb
sein aufgespannte plachen;
wie wirs mit augen sachen,
slug man den lerman umb.

3. Sein hauf der was so große,
die zal man nit wißen kunt,
baid kämelthier und rosse
desselben türkischen hund,
mit den er uns vil früchte
zu weingarten gar und ganz
verwüstet und vernichtet,
sein sach nit anderst richtet,
er gewunn denn all munschanz.

4. Die vorstet thet er berennen
manige nacht und tag,
zu stürmen und zu prennen,
dem ist, wie ich euch sag.
Darmit man dem fürköme,
ward besloßen durch kriegs rat,
man soll sie gar abprennen;
wie die all sein genennet,
waiß, wer sie gsehen hat.

5. Er schanzt sich durch das gmeure
hin zu dem Kernerthor;
maniger landsknecht theure
sein Leben da verlor;
auß dem graben vil löcher machte,
darauß er schießen kunt
auf die maur an der wachte,
wen er nur sehen mochte,
erschoßen und verwundt.

6. Kain groß gschütz mocht er haben,
daß er beschießen kunt;
da hub er an zu graben
die statmaur an den grund,
darvon fielen große stucke
gar nieder auf die pan;
zum sturm er sich oft schicket,
sein volk sich nur vast tucket,
mit prigln traib ers hin an.

7. Do er nun etlich schanze
am sturm gar verlor,
noch sucht er mer finanze,
der teufel lernt ins zwar:
er grub hinter dem Burggarten
hin ein zum pulverhaus.
Wir kamen an die farte,
an dem und andern orten,
triben in zu ruck hinauß.

8. Wie er die stat nit gwunne,
im glücket nit sein sach,
haimlich ist er entrunnen
pei eitler vinster nacht.
Verräter er bestellet,
zu verprennen die ganze stat,
wie drei auß in haben verhellet;
ward das urtl uber sie gfellet:
man viertailts nach irer that.

9. Allain drei ganzer wochen
   lag er vor Wien herumb,
   seins volks ward vil erstochen,
   darzu am waßerstrom
   hat man ir vil an schiffen
   erschoßen und verjagt.
   Wie vil der unsern begriffen,
   kain zal wir noch nit wißen,
   sei es got im himel klagt!

10. Wir hetten gut haubtleute,
    darzu gut landsknecht
    zu sturm und auch zu streite,
    ieder thet was er mocht;
    die stat habens pehütet,
    vil wunden maniger hat;
    got thet mit seiner güte,
    daß der Türk nit in uns wietet,
    half uns mit seiner gnad.

11. Kurzlich ist es ergangen,
    wie ieder hat gehört;
    die Christen er hat gefangen
    und mit im weggefürt,
    daß sie nit wider einkummen
    zu der gmain der christenhait,
    etlichen das leben genummen.
    Den alten und den jungen
    helf got in ewigkait!

(v. Liliencron Nr. 429; Melodie Erk Lh. II, 245; Böhme, Altd. L. Nr. 374 E.)

2,7 plachen, Plane; 2,9 schlug man Alarm; 3,3 Kamele; 6,8 sein Volk sträubte sich; 7,1 als er einige Chancen verloren hatte, sann er auf neue List; 8,7 wie drei von ihnen eingestanden haben; 9,7 der Unsrigen gefangen.

Viel gedruckt und viel gesungen wurde Luthers „Lied auf die zwei Märtyrer in Brüssel". (1523.) (Böhme Altd. Lb. Nr. 386; Uhland 351.)

Von dem berühmten „**Pavierlied**" (besingt den Kampf zwischen Karl V. und Franz I., der mit der Niederlage des französischen Heeres unter den Mauern der von ihm belagerten festen Stadt Pavia [am 24. Febr. 1525] endet), ist uns die Melodie in dem Choral „Durch Adams Fall ist ganz verderbet" erhalten (Erk Lh. II, Nr. 270):

Im 30jährigen Kriege sind zwar Reimereien in Menge entstanden, die sich auf Zeitereignisse bezogen, aber historische Volkslieder fast keine. Viele sind Spottlieder, andere sind nichts als gereimte Zeitungen.

Ein Soldatenlied des 30jährigen Krieges (1632) ist:

1. Warumb sollen wir trauren
   Und weinen überall?
   Haben wir doch dicke Mauren
   Und liegen hinterm Wall.
   Blanker Soldat,
   In unserm Ornat,
   Frisch auf, Soldat,
   Gott helf uns früh und spat.

2. Wir haben brav Gelde,
   Darzu frisch junge Leut',
   Ziehen damit zu Felde
   Und machen frische Beut'.
   Blanker Soldat usw.

3. Viel Regiment mit Ehren,
   Viel tausend Musquetier
   Wollen sich ritterlich wehren
   Gegen Feind für und für.
   Blanker Soldat usw.

4. Wir wollen gern sterben
   Nach Reputation.
   Unser Leben wollten wir wagen,
   Den Feind frisch greifen an.
   Blanker Soldat usw.

5. Die Trommel tät man hören,
   Die Trummen und Pfeifen gut,
   Ein jeder wollt' sich wehren
   Mit frischem, freiem Mut.
   Blanker Soldat usw.

6. Ihr Kapitäne alle,
   Ihr Kavalierer gut,
   Eu'r Ruhm geht jetzt mit Schalle
   Habt all' einen guten Mut!
   Blanker Soldat usw.

4*

7. Der König von Schweden bekannte,
Dem großen General,
Dienen wir zu Wasser und Lande,
Verlassen uns auf ihn all.
Blanker Soldat usw.

8. Was er uns kommandieret
Bei Tag oder bei Nacht,
Demselben wir parieren,
Das Leben frisch gewagt.
Blanker Soldat usw.

9. Den guten Pautis (Baudissin) behend,
Dem Marschall in dem Feld,
Dem soll man billig gehorsam sein.
Die Schlacht hat er bestellt.
Blanker Soldat usw.

10. Gestürmet bei der Reuterei
Und bei den Musquetier',
Bei Offizier'n und G'freiten
Erlangen wir Preis und Ehr'.
Blanker Soldat usw.

11. Ade! Noch eins gesoffen,
Der Schwede, der führt den Krieg,
Der Sachs ist aufgebrochen,
Gott geb ihm Glück und Sieg!
Blanker Soldat usw.

12. Ade! ihr braven Soldaten,
Ihr lieben Damen all.
Heut' essen wir G'sottens und Bratens
In unsers Feindes Saal.
Blanker Soldat usw.

13. Wir wollen treten zusammen
Und liefern eine Schlacht.
Ein jeglicher sein' Namen
Groß Lob und Ehre macht.
Blanker Soldat usw.

14. Wann andere Leute schlafen
　　Und ruhen in der Nacht,
　　So ziehen wir an die Waffen
　　Und schießen drauf, daß es kracht.
　　　Blanker Soldat usw.

15. Auf Christum woll'n wir bauen,
　　Der unser Obrister ist,
　　Ihm wollen wir vertrauen,
　　Er braucht kein' arge List.
　　　Blanker Soldat usw.

16. Der Schwed tut es frisch wagen
　　Mit etlich tausend Mann,
　　Mit seinem Feind zu schlagen:
　　Gott wolle ihm beistahn!
　　　Blanker Soldat usw.

17. Dem Sachsen wollen wir dienen
　　Zum Lob der Christenheit,
　　Wir wollen uns ritterlich wehren
　　Im Fechten und im Streit.
　　　Blanker Soldat usw.

18. Die Karthaunen hört man brummen
　　In dem Feld klein und groß,
　　Und in den Lüften donnern
　　Die grausame Hagelsg'schoß.
　　　Blanker Soldat usw.

19. Dardurch wird hingerichtet
　　So manches junge Blut,
　　Damit man kein' verschonet,
　　Hauptmann und Fähndrich gut.
　　　Blanker Soldat usw.

20. Dieß Lied ich euch sing' eben,
　　Ihr Soldaten in gemein
　　Gott woll' euch Glück und Heil geben
　　Und stetig bei euch sein!
　　　Blanker Soldat usw.
　　　　(Erk, Lh. II, Nr. 308.)

Auch die späteren Kriege und welterschütternden Begebenheiten haben, mit sehr wenig Ausnahmen, historische Volkslieder nicht zu erzeugen vermocht. Eine jener Ausnahmen ist die Erstürmung von Belgrad (1717), die das Lied auf den Prinzen Eugen von Savoyen: „Prinz Eugen, der edle Ritter“ brachte.

Die historischen Volkslieder im weiteren Sinne, welche also Zustände ihrer Zeit zum Gegenstande haben, sind in großer Zahl vorhanden. Aus dem 16. Jahrhundert stammend gehört in diese Gruppe

„Der Ulinger“.

1. Gut Ritter, der reit' durch das Ried,
   er sang sein schönes Tagelied:
   er sang von heller Stimme,
   daß in der Burg erklinget.

2. Die Jungfrau an dem Boden lag,
   sie hört gut Ritter singen:
   ‚Ja, wer ist, der da singet?
   mit dem wil ich von hinnen.‘

3. „O Jungfrau, wöllt Ihr mit mir gan?
   ich wil Euch lernen, was ich kann,
   ich will Euch lernen singen,
   daß gegen der Burg tut klingen.“

4. Die Jungfrau in ihr Schlafkammer trat,
   ihr gelbes Haar sie in Seiden band,
   sie kleidet sich in Silber und rotes Gold,
   gleich wie eine, die von hinnen wollt.

5. Er schwang sein grünen Schild neben ihn,
   sein schöne Jungfrau hinter ihn,
   er eilet also balde
   zu einem grünen Walde.

6. Und da sie in den Wald ein kam,
   und da sie leider niemand fand,
   denn nur ein' weiße Tauben
   auf einer Haselstauden:

7. ‚Ja hör und hör, du Friedburg!
   ja hör und hör, du Jungfrau gut,
   der Ulinger hat eilf Jungfrauen gehangen,
   die zwölfte hat er gefangen.‘

8. „Ja hör, so hör, du Ulinger!
   ja hör, ja hör, du trauter Herr!
   was sagt die weiße Taube
   auf jener Haselstauden?“

9. „‚Ja jene Taube leugt mich an,
   sie sicht mich für ein' andern an,
   sie leugt in ihrem roten Schnabel;
   ach schöne Jungfrau, reit't fürbaß!‘“

10. Er breit't sein Mantel in das Gras,
    er bat sie, daß sie zu ihm saß,
    er sprach, sie sollt' ihm lausen,
    sein gelbes Haar zerzausen.

11. Er sach ihr unter die Augen da:
    ‚Was weinet Ihr, schöne Jungfrau?
    weint ihr umb euern traurigen Mann?
    ich hab Euch nie kein Leids getan.‘

12. „Ich wein' nit umb meinen traurigen Mann,
    Ihr habt mir nie kein Leid getan,
    ich sich dort einher reiten
    ein große Schar von Leuten.“

13. ‚Ja wilt du zu ihn' reiten,
    oder wilt du mit ihn' streiten?
    Oder wilt du von der Liebe stan?
    Dein Schwert zu beiden Händen han?‘

14. ‚Ich will nicht zu ihn' reiten,
    ich will nicht mit ihn' streiten,
    ich will wol bei der Liebe stan,
    mein Schwert zu beiden Seiten han.‘

15. Sie reit' ein wenig baß hindan,
    und da sie leider niemand fand,
    dann nur ein' hohe Tannen,
    daran eilf Jungfrauen hangen.

16. Sie wand ihr' Händ', rauft aus ihr Haar,
    sie klagt Gott ihr Leid offenbar:
    „Ich bin so ferr in tiefem Tal,
    daß mich kein Mensch nicht hören mag!

17. So bitt' ich dich, mein Ulinger,
    so bitt ich dich, mein trauter Herr,
    du wöllest mich lassen hangen
    in Kleider, da ich in gange!"

18. ,Das bitt mich nit, du Friedburg,
    das bitt mich nit, du Jungfrau gut!
    dein schwarzer Rock und Scharlachmantel
    steht meiner jungen Schwester gut an.'

19. „So bitt' ich dich, du Ulinger,
    so bitt' ich dich, du trauter Herr,
    du wöllest mir erlauben
    ein Schrei, zwei oder drei!"

20. ,Das solle dir erlaubet sein,
    du bist so ferr im tiefen Tal,
    du bist so ferr im tiefen Tal,
    daß dich kein Mensch nit hören mag.'

21. Den ersten Schrei und den sie tät':
    „Hilf, Jesu, Marien Sohne!
    und kommst du nit so balde,
    so bleib ich in diesem Walde."

22. Den andern Schrei und den sie tät':
    „Hilf, Maria, du reine Maid!
    und kommst du nit so behende,
    mein Leben hat schier ein Ende."

23. Den dritten Schrei und den sie tät:
    „hilf allerliebster Bruder mein!
    und kommst du nit so brate [schnell],
    mein Leben wird mir zu spate!"

24. Ihr Bruder über den Hof einreit',
    und einer zu dem andern seit:
    „Mich dunkt in all mei'm Sinne,
    ich hör' meiner Schwester Stimme."

25. Er ließ seinen Falken fliegen,
　　er ließ seine Winde stieben,
　　er eilet also balde
　　zu einem finstern Walde.

26. „„Was tust du hier, mein Ulinger,
　　was tust du hier, mein trauter Herr?"'
　　,So stand ich hie und wind ein Wied,
　　daran ich meinen Folen bind'.'

27. „„Und stest du hier und windst ein Wied,
　　da du dein Folen anbinden willt,
　　so red' ich's auf die Treue mein,
　　du sollst mir selber der Folen sein!"'

28. ,So bitt ich dich, mein Friedburger,
　　so bitt ich dich, mein trauter Herr:
　　du wöllest mich laßen hangen
　　in Kleidern, da ich jetz stande!'

29. „„Das bitt' mich nicht, du Ulinger,
　　das bitt' mich nicht, du falscher Herr!
　　dein schwarzer Rock und Scharlachmantel
　　steht meinem Küchenbuben wol an!"'

30. Er schwang sein grünen Schild neben ihn,
　　sein' schöne Schwester hinter ihn,
　　er eilet also veste,
　　da er seins Vaters Königreich weste.

(Mehr über die Mädchenräubersage siehe Erk, Th. I, S. 120, 121.)

Dann sind hier zu nennen die Reiterliedlein[1]), deren eines lautet:

1. Von erst so wöll wir loben
　　Marjam, die reine Meid,

---

[1]) Der „Reutersmann" ist, sofern er als Soldat dient, der zu Pferde Dienende. Maximilian suchte die Reuter zu organisieren, doch gelang es ihm nicht, das wilde Reuterwesen zu zügeln. Auf dem Reichstage zu Augsburg (1512) wurde ein Einschreiten gegen diese Nachfolger des Lindenschmid, Schüttesam, Eppele von Geilingen, Raumsattel beschlossen. Ihre Feste Hohenkrähen wurde zerstört.

die sitzt so hoch dort oben,
kein' Bitt' sie uns versait;
merkt auf, ir reitersknaben:
so wir in sorgen traben,
und sunst kain' fürbitt' haben,
so helf uns die vil zart,
die gottesmuter ward.

2. Sant Jörg[1]), du edler ritter,
rottmeister soltu sein,
bescher uns gut gewitter,
tu uns den hilfe schein!
Daß uns nit misselinge,
daß wir die paurn bezwingen,
die uns da welln verdringen,
der sich des adels fleist
und doch den fuchs nit beist.

3. Kaufleut' seind edel worden,
das sicht man taglich wol,
so kumt der reiter orden
und macht sie reisig[2]) vol;
man sol sie auß her klauben[3])
aus iren füchsinen[4]) schauben[5])
mit prennen und mit rauben
dieselbig Kaufleut' gut,
das schafft ir übermut.

4. Merkt auf, ir reitersknaben,
was unser orden inhält!
so wir nimmer pfenning haben,
und uns futer und nal entfelt,
so müßen wir fürbaß werben,
daß wir nit hungers sterben,

---

[1]) St. Jörg, der h. Georg, Patron der Reiter und Landsknechte.
[2]) Reisige, Gerüstete zu Pferde.
[3]) Ausschälen, entkleiden.
[4]) Pelzen.
[5]) Schaub, langes, mantelartiges Unterkleid.

die reichen kaufleut' erben;
so oft er dir werden mag,
acht nit, was er dir sag'.

5. Wie mocht's umb uns ertragen
ain sölchen klainen lon!
das wilprät well wir jagen
do es im Holz tut ston:
ich main die stolzen franzen
die auf dem pflaster umbschanzen
und ire härlein pflanzen;
das ist ain gwilb für mich,
wo ich's im wald ersich.

6. Vom jagen well wir laßen,
das voglen heben an:
ir reiter unverdroßen!
ain hütten müß wir han,
darzu gut hürne kloben,
darvon die helzlen stoben;
den kauzen soll man loben,
der uns den vogel pringt,
der in der rinkmaur singt.

7. Nach voglen well wir vischen
auch auf dem trucknen Land;
laßt uns dort einher wischen!
Stößt uns der recht' an b' Hand,
so sing' wir nimmer: „ach laiber!
wo nimm wir winterklaider?"
das sol uns wol beschaiden
der mit seinen gulbin rot,
der in die reiß ein gat.

8. Wir haben uns ains vermeßen
in dem edlen Frankenland:
die paurn die wellen uns freßen,
den adel wol bekant;
das well gott nit verhengen!
wir wellen's fürbaß sprengen,

recht wie die few besengen,
so oft uns das gebürt,
bis·schopf den galgen rürt.

9. Hilf gott, daß wir bezwingen.
der pauren übermut,
die uns umbs leben bringen,
vil manchen reiter gut!
irn hochmut sol man prechen,
soll sie under die mähren stechen,
manchen guten gesellen rechen,
pringt in groß ungemach:
singt uns der Schenkenbach.

(Zwischen 1512—1514 entstanden. Eine geistliche Parodie auf den Antichrist in Rom gab es 1523.)

Liliencron (Leben i. V.) Nr. 127; Uhland, Nr. 141 B; Böhme Nr 426; Erk Nr. 1292.

In größerer Menge sind Landsknechtslieder erhalten. (Der Name „Landsknechte" lebt seit Maxmilian, der sie zuerst im flandrischen Kriege gebrauchte, bis ins 17. Jahrhundert, wo er durch „Soldat" abgelöst wird.)

Zunächst ein Lied, in dem die Landsknechte von ihrem Abgott Georg v. Frundsberg singen:

1. Georg von Frundsberg von großer Stärk',
   Ein teurer Held, behielt das Feld.
   In Streit und Krieg d' Feind niederschlieg,
   In aller Schlacht
   Er legt Gott zu dir die Ehr' und Macht.

2. Er überwand mit eigner Hand
   Benedisch Macht, der Schweizer Pracht,
   Französisch Schar legt nieder gar,
   Mit großer Schlacht
   Die päpstisch Bündnis z' Schanden macht.

3. Der Kaiser Ehr' hat g'macht er mehr,
   Ihr Land und Leut' beschützt allzeit,
   Mit großer G'fahr er siegreich war,
   Gar ehrenreich,
   Man findt nicht bald, der ihm geleich.

Als Lied, das uns einen Einblick gewährt in das Leben und Treiben der Landsknechte, folge:

(In des Schüttensamen Ton.)

1. Der in den Krieg wil ziehen,
der sol gerüstet sein;
was soll er mit im füren?
ein schönes Fräuelein,
ein langen Spieß, ein kurzen Degen;
ein Herrn wöll wir suchen,
der uns Geld und Bescheid sol geben.

2. Und geit er uns kein Gelde,
leit uns nit bil daran;
so laufen wird durch die Welde,
kein Hunger stoßt uns nit an:
der Hüner, der Gäns haben wir so bil,
das Waßer aus dem Brunnen
trinkt der Landsknecht, wann er wil.

3. Und wird mir dann geschoßen
ein Flügel von meinem Leib,
so darf ich's niemand klagen,
es schadt mir nit ein. Meit[1]),
und nit ein Kreuz an meinem Leib;
das Geld wöll wir verdemmen,
das der Schweizer um Händschuch geit.[2])

4. Und wird mir dann geschoßen
ein Schenkel von meinem Leib,
so tu ich nachher kriechen,
es schadt mir nit ein Meit:
ein hülzene Stelzen ist mir gerecht,
ja eh das Jahr herumbe kumt
gib ich ein Spittelknecht.

---

[1]) Nit ein Meit, nicht im geringsten; Meit war eine ganz geringe Münze.

[2]) Wenn sein Flügel (Arm) abgehauen ist, so braucht er nicht, wie die Schweizer, Geld für Handschuhe auszugeben, sondern kann es „verdemmen", versaufen.

5. Ei, wird ich dann erschoßen,
   erschoßen auf breiter Heid,
   so trägt man mich auf langen Spießen,
   ein Grab ist mir bereit;
   so schlägt man mir den pumerlein pum,
   der ist mir neunmal lieber
   denn aller Pfaffen Geprum.

6. Der uns dies Liedlein neu gesang,
   von neuem gesungen hat,
   das hat getan ein Landsknecht,
   Gott geb' ihm ein fein gut Jahr!
   Er singt uns das, er singt uns mer,
   er muß mir noch wol werden,
   der mir's Gloch[1]) bezalen muß.

Vilmar, S. 72; Liliencron, S. 336; Erk, Nr. 1290; Böhme, Nr. 418.

Die Zustände des abgedankten, „auf der gart" umgehenden Landsknechts schildert das „Lied vom armen Schwartenhals":

1. Ich kam für einer fraw wirtin haus,
   man fragt mich: wer ich wäre?
   ,Ich bin ein armer schwartenhals,
   ich eß und trink' so gerne!'

2. Man fürt mich in die stuben ein,
   Da bot man mir zu trinken,
   mein augen ließ ich umbher gan,
   den becher ließ ich sinken.

3. Man setzt mich oben an den tisch,
   als ich ein kaufherr wäre,
   und do es an ein zalen gieng,
   mein seckel stund mir läre.

4. Da ich zu nachts wolt schlafen gan,
   man wis mich in die scheure,
   do ward mir armen schwartenhals,
   mein lachen bil zu teure.

---

[1]) Gloch soviel wie Zeche, jetzt Gelage.

5. Und do ich in die scheure kam,
do hub ich an zu nisten,
do stachen mich die hageborn
darzu die rauhen distel.

6. Do ich zu morgens frü aufstund
der reif lag auf dem dache,
do mußt ich armer schwartenhals
meins unglücks selber lachen.

7. Ich nahm mein schwert wol in die hand
und gürt es an die seiten,
ich armer mußt zu füßen gan,
das macht, ich het nicht zreiten.

8. Ich hub mich auf und ging darvon
und macht mich auf die straßen,
mir kam eins reichen kaufmans son,
sein tesch must er mir laßen.

(Goethe: „Vagabundisch, launig und lustig.“)

Die späteren Soldatenlieder, z. B. die aus dem 7jährigen
Kriege, sind meist poesiearm. Das einzige, an den Volkston
anklingende Kriegslied aus dem Ende des 18. Jahrhunderts
ist Cramers „Feinde ringsum“.

Ein ergreifendes Lied aus der Zeit der Befreiungskriege,
das ein Bild des Rückzugs der französischen Armee (1812)
entrollt, ist folgendes:

1. Mit Mann und Roß und Wagen
So hat sie Gott geschlagen.
Es irrt durch Schnee und Wald umher
Das große mächt'ge Franschenheer.
Der Kaiser auf der Flucht,
Soldaten ohne Zucht:
Mit Mann und Roß und Wagen
So hat sie Gott geschlagen.

2. Jäger ohne Gewehr,
Kaiser ohne Heer,
Heer ohne Kaiser,
Wildnis ohne Weiser:
Mit Mann und Roß und Wagen
So hat sie Gott geschlagen.

3. Trommler ohne Trommelstock,
Cuirassier im Weiberrock,
Ritter ohne Schwert,
Reiter ohne Pferd:
Mit Mann und Roß und Wagen
So hat sie Gott geschlagen.

4. Fähnrich ohne Fahn',
Flinten ohne Hahn,
Büchsen ohne Schuß,
Fußvolk ohne Fuß.
Mit Mann und Roß und Wagen
So hat sie Gott geschlagen.

5. Feldherrn ohne Witz,
Stückleut' ohne Geschütz,
Flüchter ohne Schuh,
Nirgend Rast und Ruh'!
Mit Mann und Roß und Wagen
So hat sie Gott geschlagen.

6. Speicher ohne Brot,
Allerorten Not,
Wagen ohne Rad,
Alles müd und matt,
Kranke ohne Wagen:
So hat sie Gott geschlagen.

(Erk, Nr. 348.)

Die Zeit der Befreiungskriege ist nicht sonderlich
reich an historischen Volksliedern. Das Volk sang die herr=
lichen Freiheitsgesänge Körners („Das Volk steht auf" —
„Du Schwert an meiner Linken" — „Frisch auf, mein
Volk" — „Hör uns, Allmächtiger" — „Vater, ich rufe
dich" — „Was glänzt dort vom Walde"), Arndts („Der
Gott, der Eisen wachsen ließ", — „Deutsches Herz, verzage
nicht" — „O du Deutschland" — „Was blasen die Trom=
peten" — „Was ist des Deutschen Vaterland?" —) und
Schenkendorfs („Erhebt euch von der Erden" — „Frei=
heit, die ich meine" — „Wenn alle untreu werden" —).
Hauffs „Morgenrot" (1824) ist heute noch allgemein beliebt.

Die drohende Haltung, die das französische Kabinett 1840 einnahm, veranlaßte das Lied Nikolaus Beckers „Sie sollen ihn nicht haben".

Noch zwei Lieder, die aber erst 1870 ins Volk drangen, entstanden in dieser Zeit: Arndts „In Frankreich hinein" und Max Schneckenburgers „Es braust ein Ruf".

Der schleswig-holsteinische Krieg brachte das Lied „Schles= wig=Holstein, meerumschlungen" (1844) von M. Friedrich Chemnitz.

Verhältnismäßig wenig neue historische Lieder entstanden durch den Krieg 1870—71. Beliebt war damals das so= genannte Kutschkelied „Was kraucht dort in dem Busch herum".

Auch heutzutage liefert die Kunstdichtung noch viele politische Lieder, aber nur wenige bringen ins Volk.

Als historisches Volkslied der **3. Gruppe** (im weitesten Sinne) nenne ich zunächst den „Tannhäuser":

Mel. nach einem Fragment hergestellt von M. Böhme.

1. Nun will ich a = ber he = ben an von

dem Dan=hau=ser sin = gen, und was er Wun=ders

hat ge = tan mit sei = ner Frau Be = nu = sin = nen.

Sein erstes literarisches Vorkommen ist ein Nürnberger Druck um 1515. Jedenfalls ist es aber viel älter. — Der fränkische Ritter von Danhusen, der als fahrender Sänger umherzog, lebte im 13. Jahrhundert (bis ungefähr 1270). „Die Sage," schreibt R. v. Liliencron, („Leben im Volkslied', Einl. 44) „ist altgermanisches Stammgut, die sich in man= cherlei Gestalt auch in schwedischen, dänischen und schottischen

Elfensagenliedern findet. Überall tritt uns darin derselbe Grundstock der Sage entgegen: Der irdische Jüngling, in die Umarmung der Elfenmaid verstrickt, entreißt sich ihr nur mit dem Tode im Herzen. Daß im Tannhäuserliede die Elfen= maid zur Göttin Venus ward, mag mit dem Umstande zu= sammenhängen, daß der geschichtliche Sänger Tannhäuser in seinen Liedern es liebt, die Minne als Frau Venus anzu= rufen. Die Polemik gegen die kirchliche Handhabung des Sündenerlasses, welche uns in diesem Volksliede des 16. Jahr= hunderts wie ein Widerhall der Reformation anmutet, ist jedenfalls in der Tat mehr ein Nachklang des Kampfes gegen das kirchliche Welfentum im 13. Jahrhundert."

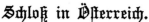

Schloß in Österreich.

Forster II. 1549.

1. Es liegt ein Schloß in Ö=ster=reich, das ist so wohl er=bau = = = et von Sil = ber und von ro = tem Gold und Mar=mel=stein, ja Mar=mel=stein ge = mau = ret.

2. Darinnen ligt ein junger Knab'
   auf seinen Hals gefangen,
   wol vierzig Klafter tief unter der Erd',
   bei Nattern und bei Schlangen.

3. Sein Vater kam von Rosenberg
wol vor den Turm gegangen:
,Ach Sohne, liebster Sohne mein,
wie hart ligst du gefangen.'

4. „Ach Vater, liebster Vater mein!
so hart lig ich gefangen,
wol vierzig Klafter tief unter der Erd',
bei Nattern und bei Schlangen."

5. Sein Vater zu dem Herren gieng:
,geb mir los den Gefangenen!
Dreihundert Gülden will ich euch geben
wol für des Knaben sein Leben!'

6. ,„Dreihundert Gülden, die helfen da nicht,
der Knabe, der muß sterben,
er trägt von Gold ein Ketten am Hals,
die bringt ihn umb sein Leben.'"

7. ,Trägt er von Gold ein Ketten am Hals,
die hat er nicht gestolen,
hat ihm eine zarte Jungfrau verehrt,
darbei hat sie ihn erzogen.'

8. Man bracht den Knaben wol aus dem Turm,
man gab ihm das Sacramente:
„hilf, reicher Christ, vom Himmel hoch!
es get mir an mein Ende."

9. Man bracht' ihn zum Gericht hinaus,
die Leiter mußt er steigen:
„ach Meister, lieber Meister mein,
laß mir eine kleine Weile."

10. „,Eine kleine Weile laß ich dir nicht,
du möchtest mir sonst entrinnen;
langt mir ein seiden Tüchlein her,
daß ich ihm seine Augen verbinde.'"

11. „Ach meine Augen verbind' mir nicht,
ich muß die Welt anschauen,
ich sihe sie heut und nimmermehr
mit meinen schwarzbraunen Augen."

5*

12. Sein Vater beim Gerichte stund,
sein Herz wollt ihm zerbrechen:
,ach Sohne, lieber Sohne mein,
dein Tod will ich schon rächen.'

13. „Ach Vater, liebster Vater mein,
meinen Tod sollt ihr nicht rächen,
bringt meiner Seelen ein schwere Pein,
umb Unschuld will ich sterben.

14. Es ist nicht umb mein stolzen Leib,
noch umb mein junges Leben,
es ist umb meine Mutter daheim,
die weinet also sere.“

15. Es stund kaum an den dritten Tag,
ein Engel kam vom Himmel:
man sollt den Knaben nehmen ab
sonst wird die Stadt versinken.

16. Es stund kaum an ein halbes Jahr,
der Tod der ward gerochen:
es wurden mehr denn dreihundert Mann
umbs Knaben willen erstochen.

17. Wer ist, der uns dieß Liedlein sang?
so frei ist es gesungen;
das haben getan drei Jungfräulein
zu Wien in Österreiche.

(Uhland, Nr. 125; Erk, I, S. 205—214; Böhme Nr. 27.)

(Goethe: „Ernste Fabel, lakonisch, trefflich vorgetragen.“)

Derartiger Lieder auf die Hinrichtung Unschuldiger gibt
es in alter und neuer Zeit mehrere. Älter, wahrscheinlich
dem 14. Jahrhundert angehörig, ist das Lied von dem Herrn
von Falkenstein (Uhland 124). Eins der im 15. und
16. Jahrhundert am häufigsten gesungenen Lieder, das sich
bis auf den heutigen Tag erhalten hat, ist

Ritter und Herzogstochter.

Süddeutsche Mel. 1581.

1. Es woh=net Lieb bei Lie=be, dar=zu groß Her=ze=

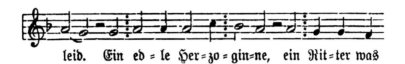

leib. Ein ed = le Her = zo = gin=ne, ein Rit=ter was

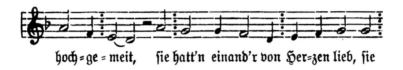

hoch=ge = meit, sie hatt'n einand'r von Her=zen lieb, sie

mocht'n vor gro=ßer Hu = te zu = sammen kommen nicht.

2. Die Jungfrau, die was edel,
   Sie thät einen Abendgang,
   Sie gieng gar trauriglichen,
   Da sie den Wächter fand:
   „O Wächter, tritt du her zu mir!
   Selig will ich dich machen,
   Dürft ich vertrauen dir.“

3. „„Ihr sollet mir vertrauen,
   Zart edle Jungfrau fein!
   Doch fürcht' ich allzusehre
   Den liebsten Herren mein;
   Ich fürcht sehr eures Vaters Zorn,
   Wo es misselünge,
   Mein Leib hätt' ich verlor'n.““

4. „Ich hab' mir auserwählet
   So einen Ritter stolz,
   Zum Brunnen hab' ich zielet
   (zum Stelldichein bestellt)
   Dort nieden vor dem Holz,
   Der liegt bei einem hohlen Stein;
   Dem Ritter will ich bringen
   Von Rosen ein Kränzelein.

5. Es soll uns nicht mißlingen,
   Es soll uns wohlergehn;
   Ob ich entschlafen würde,
   So weck mich mit Getön!
   Ob ich entschlafen wär' so lang,
   O Wächter, traut' Geselle,
   So weck mich mit Gesang!"

6. Sie gab ihm's Gold zu behalten,
   Den Mantel an sein Arm.
   „„Fahr hin, mein schöne Jungfrau,
   Und daß euch Gott bewahr',
   Und daß euch Gott behüt'!"""
   Es krankt demselben Wächter
   Sein Leben und sein Gemüt.

7. Die Nacht, die war so finster,
   Der Mond gar wenig schien,
   Die Jungfrau, die was edel,
   Nie kam zum hohlen Stein:
   Daraus da sprang ein Brünnlein hall,
   Darüber ein grüne Linde,
   Frau Nachtigall saß und sang.

8. „Was singst du, Frau Nachtigall,
   Du kleines Waldvögelein?
   Woll mir ihn Gott behüten,
   Da ich jetzt wartend bin!
   So spar (erhalt) mir ihn auch Gott gesund,
   Er hat zwei braune Augen,
   Darzu ein roten Mund."

9. Das hört' ein Zwerglein kleine,
   Das in dem Walde saß;
   Es lief mit schneller Eile
   Da wo die Jungfrau was:
   „„Ich bin ein Bot' zu euch gesandt,
   Mit mir sollet ihr gehen
   In meiner Mutter Land.""

10. Er nahm sie bei der Hände
    Bei ihr schneeweißen Hand,
    Er führt sie an ein Ende,
    Da er sein Mutter fand:
    „„O Mutter, die ist mein allein,
    Ich fand sie nächten spate
    Bei einem hohlen Stein.““

11. Und da des Zwergleins Mutter
    Die Jungfrau anesach:
    „Gang, führ sie wieder geschwinde,
    Da du sie genommen hast!
    Du schaffst groß Jammer und große Not,
    Eh’ morn der Tag anbrichet,
    So sind drei Menschen tot.“

12. Er nahm sie bei der Hände,
    Bei ihr schneeweißen Hand,
    Er führt sie an ein Ende,
    Da er’s am Abend fand;
    Da lag der edle Ritter tot,
    Da stund die schöne Jungfrau,
    Ihr Herz litt große Not.

13. Sie wend’t ihn hin, sie wend’t ihn her,
    Sie küßt ihn an sein Mund:
    „Wollt Gott, edler Herre,
    Daß ihr noch wär’t gesund!
    So mag es leider nicht gesein,
    So will ich mein Leben
    Geben um des Dein.“

14. Und da es morgens taget,
    Der Wächter hub an und sang:
    „„So ward mir in keinem Jahre
    Die Nacht auch nie so lang,
    Denn diese Nacht mir hat getan;
    O reicher Christ vom Himmel,
    Wie wird es mir ergan!““

15. Und das erhört die Herzogin,
    Die in dem Bette lag:
    „O höret, edler Herre!
    Was ist des Wächters Klag',
    Wie ihn die Nacht so g'fochten an!
    Ich fürcht', daß unser Tochter
    An ihr hab übel getan."

16. Der Herzog sprach gar balde:
    „Zünd an ein Kerzenlicht,
    Und lugt in aller Bürge
    Ob ihr sie findet nicht!
    Findet ihr's an dem Bett nicht dran,
    So wird's demselben Wächter
    Wol an sein Leben gan."

17. Die Herzogin war geschwinde,
    Sie zündet ein Kerzenlicht,
    Sie lugt in aller Bürge,
    Sie fand ihr Tochter nicht,
    Sie sucht's mit Fleiß am Bette dran:
    „O reicher Gott im Himmel,
    Wie wird es heut' ergan!"

18. Sie ließen den Wächter fahen,
    Sie legten ihn auf ein Tisch,
    Zu Stücken tät' man ihn schneiden
    Gleich wie ein Salmenfisch;
    Und warum täten sie das?
    Daß sich ein ander Wächter
    Sollte hüten dester baß.

      (Erk, Nr. 86; Uhland, Nr. 90.)

Diese alte deutsche Ballade ist eine deutsche Umformung der griechischen Sage von Pyramus und Thisbe. Den historischen Hintergrund aufzufinden, ist vergebens gewesen. „Der Schwerpunkt des Liedes liegt in dem durch ein Naturereignis verhinderten Sichfinden zweier Lieben." (Erk, Lh. I, S. 307.) Denselben Inhalt hat die Sage von den zwei Königskindern oder die Schwimmersage. „In Deutschland muß die Sage wenigstens seit dem 12. Jahr=

hundert bekannt gewesen sein und scheint, daß sie vom Meere
her eingebracht und nach dem Süden verpflanzt wurde, da
die meisten hochdeutschen Texte scheinbar aus den nieder=
deutschen hervorgegangen sind." (Erk, Th. I, S. 291.)
Lieder über diese Sage finden sich seit dem 15. Jahrhundert.
Da das Lied von den zwei Königskindern noch heute in aller
Munde ist, braucht es nicht abgedruckt zu werden.

Als historisches Lied im weitesten Sinne zitiere ich noch
„Es war'n einmal drei Reiter gefangen", dessen
Melodie wir noch singen zu Holteis „Mantellied".

Im Geiste der historischen Volkslieder dieser Gruppe ist
Uhlands „Es ritten drei Burschen wohl über den Rhein"
gedichtet.

Als Anhang seien noch einige Lieder der Todesahnung
und der Todestrauer genannt.

Der schwere Traum.

Volksweise vor 1775.

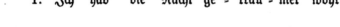

1. Ich hab' die Nacht geträu=met wohl

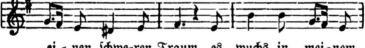

ei=nen schwe=ren Traum, es wuchs in mei=nem

Gar=ten ein Ros=ma=ri=en=baum.

2. Ein Kirchhof war der Garten,
   Ein Blumenbeet das Grab,
   Und von dem grünen Baume
   Fiel Kron' und Blüte ab.

3. Die Blätter tät' ich sammeln
In einem goldnen Krug,
Der fiel mir aus den Händen,
Daß er in Stücken schlug.

4. Draus sah ich Perlen rinnen
Und Tröpflein rosenrot:
Was mag der Traum bedeuten?
Ach Liebster, bist du tot?
(Erk, Nr. 207; Bilmar, Hb., S. 143.)

Rosmarin.

1. Es wollt' ein' Jungfrau früh aufstehn,
Wollt' in des Vaters Garten gehn;
Rot Röslein wollt' sie brechen ab,
Davon wollt' sie sich machen
Ein Kränzlein schön.

2. Es sollt' ihr Hochzeitskränzlein sein,
„Dem feinen Knab', dem Knaben mein,
Ihr Röslein rot, euch brech' ich ab,
Davon will ich mir winden
Ein Kränzlein schön."

3. Sie ging im Garten her und hin,
Statt Röslein fand sie Rosmarin:
„So bist du, mein Getreuer, hin!
Kein Röslein ist zu finden,
Kein Kränzelein, so schön."

4. Sie ging im Garten her und hin,
Statt Röslein fand sie Rosmarin:
„Das nimm du, mein Getreuer, hin!
Lieg bei dir unter Linden
Mein Totenkränzlein schön."
(Erk, Nr. 208.)

Hier läßt sich auch das noch heute allgemein beliebte „Jetzt gang ich ans Brünnelein" anreihen.

Die historischen Lieder der 3. Gruppe haben in unserer modernen Kunstpoesie den Namen Romanze oder

Ballabe[1]) erhalten. „Der Unterschied zwischen beiden bleibt
nebelhaft und schwankend." (Vilmar, Handbüchlein usw.
S. 145.)

C. Das erotische Volkslied.

„Solange es nicht eine greise Jugend gibt, wird stets
das Liebeslied die Blume der Lyrik sein." (Uhland, „Ab=
handlung über die deutschen Volkslieder", S. 236.) Die
erotischen Lieder berühren sich innig mit den Liedern der
vorhergehenden Gruppe. „Die Motive sind meist die näm=
lichen, nur daß sie dort episch ausgestaltet sind, hier mit der
Unmittelbarkeit des Naturlauts an unser Ohr klingen. Das
Liebeslied ist offenbar die älteste Form deutscher Volkslyrik."[2])
Die ältesten Spuren volksmäßiger Liebeslieder in deutscher
Sprache zeigen sich in Verbot und Verwerfung weltlichen
Gesanges. Ein Kapitular Karls des Großen von 789
bestimmt, daß die Nonnen keine Winelieder schreiben oder
ausschicken sollen. Winelied bedeutet eigentlich nur Freund=
schaftslied (altd. wine = Freund). Jedenfalls aber waren
die Winelieder, nach dem Verbote zu urteilen, verliebter Art.
Besondere Pflege fand das erotische Lied durch die Minne=
sänger. Nachdem der Minnesang verklungen, fanden die
Liebeslieder des Volkes von neuem Gehör und allgemeine
Geltung. Sie sind aber, wie bereits erwähnt, nicht ein
Nachklang der Minnepoesie, sondern berühren sich mehr mit
den ältesten Liebesliedern des Volkes. Diese Minnelieder

---

[1]) „Die auf spanischem Boden entstandene Romanze bedeutet
ihrem Wortsinne nach nichts anderes als ein Lied in der Volks=
sprache, der romanischen, im Gegensatze gegen die Gelehrten= und
Büchersprache, die eigentlich römische, d. h. lateinische Sprache; ein
Volkslied der Romanen, natürlich in ihrer Sprache, ist eben eine
Romanze. Auf den Inhalt kommt es dabei nicht an." (Vilmar,
Handbüchlein.)
Ballade ist italienisch, bezeichnet wörtlich Tanzlied, oft kleines
Liebeslied, erzählend. Das Wort kam von den Engländern mit ihren
meist ernsten tragischen Poesien zu uns, und so gewöhnte man sich
daran, unter Ballade ein Gedicht ernsten, schauerlichen Charakters zu
verstehen. In der deutschen Poesie sind Romanze und Ballade weder
in Stoff noch in Form verschieden.
[2]) Dr. J. Sahr „Das deutsche Volkslied", S. 106. (Leipzig,
G. J. Göschen 1901.)

waren meist Tanzlieder. Das Amt des Vorsingers und
Vortänzers war ein hohes Amt. Die Nachsingenden hatten
im Chore zu antworten, jedenfalls fiel ihnen die Kehre zu.

Mannigfach ist in den alten Liebesliedern die Bedeut=
samkeit der Blumen und der Farben.

Bunte Blumen.

1. Mein Herz hat sich gesellet
   Zu einem Blümlein fein,
   Das mir so wohl gefället,
   Durch Lieb', so leid' ich Pein.
   He, warum sollt' ich trauren?
   Nu rühret mich der Mai;
   Schlag auf, mein Herz, mit Freuden!
   Mein Trauren ist entzwei.

2. Mein Herz hat sich gesellet
   Zu einem Blümlein rot,
   Das mir so wohl gefället,
   Durch Lieb', so leid' ich Not.
   He, usw.

3. Mein Herz hat sich gesellet
   Zu einem Blümlein weiß,
   Das mir so wohl gefället,
   Ich diene ihm mit Fleiß.
   He, usw.

4. Mein Herz hat sich gesellet
   Zu einem Blümlein brun,
   Das mir so wohl gefället,
   Es ist ein Jungfrau schön.
   He, usw.

5. Mein Herz hat sich gesellet
   Zu einem Blümlein grün,
   Das mir so wohl gefället,
   Mein Herz ist zart und schön.
   He, usw.

6. Mein Herz hat sich gesellet
   Zu einem Blümlein gra,
   Das mir so wohl gefället,
   Mein Herze steht ihm nah.
   He, usw.

7. Mein Herz hat sich gesellet
   Zu einem Blümlein gel,
   Das mir so wohl gefället,
   Ich hoff', ich sei gewährt.
   He, usw.

(Erk, 388; Uhland, 53; Wunderhorn, 4, 148.)

Um den Kranz wurde getanzt, Kranzlieder wurden dabei gesungen. Daß das Hergeben des Kranzes auch zweideutig aufgefaßt wurde, geht aus dem Ankämpfen der Behörden gegen diese Sitte hervor.[1])

An ein altes Kranzlied:

„Ich kumm auß fremden landen her
und bring euch vil der newen mär,
der newen mär bring ich so vil,
mer dann ich euch hie sagen wil" usw.

hat Luther sein Weihnachtslied „Vom Himmel hoch" angeknüpft. („Ein Kinderlied auf die Weihnachten vom Kindlein Jesu" vom Jahre 1535.)

Es werden aber auch Kränze als Sinnbilder des Versagens genannt: der Strohkranz und der Nesselkranz.

Nesselkranz:

1. O Bauernknecht, laß die Röslein stan, sie seint nit dein:
   Du trägst noch wol von Nesselkraut ein Kränzelein.
2. Das Nesselkraut ist bitter und sau'r und brennet mich.
   Verlor'n hab' ich mein schönes Lieb, das reuet mich.
3. Es reut mich sehr und tut mir in meinem Herzen weh.
   Gsegn dich Gott, mein holder Bul, ich seh' dich nimmermeh!

(2,2 reuet, schmerzt mich, mhd. riuwen.)

---

[1]) R. Hildebrand, „Materialien zur Geschichte des deutschen Volksliedes". S. 80. (Leipzig, Teubner 1900.)

Die erotischen Lieder zerfallen in

a) Lieder der Treue.

Unser deutscher Lieberhort ist reich an Schilberungen der Treue. Diese Lieder tragen den Charakter schlichter Einfalt, naiver Treuherzigkeit. Viele sind zugleich Abschieds= lieder. Ich gebe zunächst das Treuelied eines Jünglings:

1. Kein größer Freud' auf Erden ist,
   denn wer bei seiner Liebsten ist,
   bei seiner Liebsten alleine;
   der mag wol reden, was ihm gebrist
   und was ihm in seinem Herzen gelüst,
   freundlich tun sie anschauen.

2. Ich hatt' einen Bulen, das ist war,
   dreibiertel länger denn ein Jar,
   ich dorft es niemand sagen;
   ich hatte sie lieb von ganzem Herzen,
   ich dorft ihr kein freundliches Wort zusprechen,
   ich forcht, sie möcht' mir's für übel haben.

3. Ich gieng wol über ein grünen Plan,
   da sah ich vil hübscher Jungfrauen stan,
   mein feins Lieb war darunder;
   mein Lieb daucht mich die schönste sein,
   die Herzallerliebste mein
   für andern auserkoren.

4. Mein feins Lieb trägt ein schwarzes Kleid,
   darunder trägt sie groß Herzeleid,
   das kan ihr niemand wenden,
   denn du allein, du höchster Hort!
   tröst sie mit einem freundlichen Wort,
   tröst sie in ihrem Elende.

5. Ich hab' ein Ring an meiner Hand,
   den gäb ich nicht um das deutsche Land,
   er komt von ihren Händen;
   der Ring, der ist von rotem Gold,
   darumb bin ich dem Mägdlein hold,
   wolt Gott, ich möcht ihr dienen!

6. Eh' ich mein Bulen wolt faren lan,
   eh' wolt ich mit ihr ins Elend gan,
   wolt meiden weltliche Freude,
   hab' ihr vertraut auf guter Baut,
   der Herzallerliebſten mein,
   ich wil ſie noch wol finden.

7. Der uns diß Lieblein neu geſang,
   ein feiner Knab' iſt er genant,
   hat es ſo wol geſungen;
   er get zu Lüneburg aus und ein
   bei der Herzallerliebſten ſein,
   er bleibt wol unverdrungen.

   1,4 gebriſt = gebricht, 6,4 Baut = Tauſch.
(Uhland, 60; Erk, Lh. II, Nr. 401; Vilmar, S. 214.)

Treuelied eines Mädchens.

1. Ich hab' mir einen ſtäten Bulen zwar,
   dreiviertel und ein ganzes Jar
   bin ich ihm hold geweſen,
   ich bin ihm hold vom Grund meines Herzens,
   ich darf nit fröhlich mit ihm ſcherzen,
   ich förcht, man werd' es innen.

2. Und wann ich für mein feins Lieb geh',
   ſo g'ſchicht mir in meinem Herzen weh,
   daß ich ſein Lieb muß meiden,
   daß ich ſein Lieb muß heimlich tragen,
   das will ich dir in Treuen klagen,
   wie kans mein Herz ertragen?

3. Ich trag' ein Ring an meiner Hand,
   ich gäb ihn nit umb das ganze Land,
   er komt mir von großer Güte;
   der Ring, der hat ein' braunen Stein,
   es weiß niemand wan ich und du allein,
   er erfreut mir mein Gemüte.

4. Und wenn du weder Samet noch Seiden trägſt an,
   ſo wil ich dich's nit entgelten lan,
   du biſt meines Herzens ein Ziere,

du bist meines Herzens ein höchster Hort,
sprichst du zu mir ein freundlich's Wort,
so tröst' du mich in meinen Nöten.

   5. Ei wer ist, der uns das Lieblein sang?
eine schöne Jungfrau ist sie genannt,
sie hat's so frei gesungen,
sie hat's von ihrem Bulen gemacht,
sie spricht: albe zu guter Nacht!
schier wil ich wider kommen.

(Uhland, 61; Erk, Lh. II, Nr. 402; Vilmar, S. 215.)

1,1, zwar = sicher (zu wahr).

Eins der bekanntesten Volkslieder, das die Liebestreue
schildert, ist:

Die Linde im Tal.

Mel. zum erstenmal gedr. 1807 bei Büsching & Hagen.

1. Es stund ei = ne Lind' im tie = fen

Tal, war o = ben breit und un = ten schmal, war

o = ben breit und un = ten schmal.

   2. Worunter zwei Verliebte saß'n,
     Und die vor Lieb' ihr Leid vergaß'n.

   3. ‚Feinslieb, wir müssen voneinander,
     Ich muß noch sieben Jahre wandern.‘

   4. „Mußt du noch sieben Jahre wandern,
     Heirat' ich doch keinen andern!“

   5. Und als die sieben Jahre umme war'n,
     Sie meint, ihr Liebchen käme bald.

6. Sie gieng wohl in den Garten,
   Ihr Feinslieb zu erwarten.

7. Sie gieng wohl in das grüne Holz,
   Da kam ein Reiter geritten stolz.

8. ‚Gott grüß dich, du Hübsche, du Feine!
   Was machst du hier alleine?

9. Ist dir dein Vater und Mutter gram,
   Oder hast du heimlich einen Mann?'

10. „Mein Vater und Mutter sind mir nicht gram,
    Ich hab' auch heimlich keinen Mann.

11. Heut sind's drei Wochen und sieben Jahr',
    Daß mein feins Lieb gewandert war."

12. ‚Gestern bin ich geritten durch eine Stadt,
    Da dein Feinslieb Hochzeit gehabt;

13. Was tust du ihm denn wünschen an,
    Daß er seine Treue nicht gehalten hat?'

14. „Ich wünsch' ihm all das Beste,
    Soviel der Baum hat Äste.

15. Ich wünsch' ihm soviel gute Zeit,
    Soviel als Stern' am Himmel sein.

16. Ich wünsch' ihm soviel Glück und Segen,
    Als Tröpflein von dem Himmel regnen."

17. Was zog er von dem Finger sein?
    Einen Ring von rotem Golde fein.

18. Er warf den Ring in ihren Schoß,
    Sie weinte, daß das Ringlein floß.

19. Was zog er aus seiner Taschen?
    Ein Tuch, schneeweiß gewaschen.

20. ‚Trock'n ab, trock'n ab dein' Äuglein:
    Du sollst fürwahr mein eigen sein!

21. Ich tät dich ja nur versuchen,
    Ob du würdest schwören oder fluchen.

22. Hätt'st du mir einen Fluch oder Schwur getan,
    So wär' ich gleich geritten davon.'

(Erk, Lh. I, 67c; Wunderhorn, 4, 3; Uhland, 116; Böhme,
39; Liliencron [Leben usw.], 142; Vilmar, 204.)

Noch jetzt allgemein verbreitet ist:

1. Kein Feuer, keine Kohle kann brennen so heiß,
Als heimliche Liebe, von der niemand nichts weiß.

2. Keine Rose, keine Nelke kann blühen so schön,
Als wenn zwei verliebte Seelen beieinander tun stehn.

3. Setze du mir einen Spiegel ins Herze hinein,
Damit du kannst sehen, wie so treu ich es mein'.

(Erk, Nr. 507; Wunderh. II, 59.)

Welches Liebespaar stimmte nicht mit ein in das schöne
Liedchen:

„Das Lieben bringt groß Freud',"

(Erk, 558a.)

b) Lieder der Liebesfreude, des Liebesglückes, der Liebessehnsucht.

Die meisten dieser Lieder schließen sich an Frühlings=
und Sommerfreuden an, oder sie sind Reigenlieder.

1. Ach Elslein, liebstes Elslein,
wie gern wär' ich bei dir,
so sein zwei tiefe Wasser
wol zwischen dir und mir.

2. „Das bringt mir großen Schmerzen,
herzallerliebster G'sell!
red' ich von ganzem Herzen,
hab's für groß Ungefäll."

3. Hoff, Zeit werd es wol enden,
hoff, Glück werd kummen drein,
sich in all's Gut's verwenden,
herzliebstes Elselein!

(Erk, I, S. 290; Uhland, Nr. 45.)

---

1. Sie gleicht wol einem Rosenstock,
drum g'liebt sie mir im Herzen,
sie trägt auch einen roten Rock,
kann züchtig, freundlich scherzen;

sie blühet wie ein Röselein,
die Bäcklein, wie das Mündelein.
Liebst du mich, so lieb ich dich,
Röslein auf der Heiden!

2. Der die Röslein wird brechen ab,
Röslein auf der Heiden,
das wird wol tun ein junger Knab',
züchtig, fein bescheiden;
so stehn die Neglein auch allein,
der lieb' Gott weiß wol, wen ich mein',
sie ist so g'recht, von gutem G'schlecht,
von Ehren hochgeboren.

3. Das Röslein, das mir werden muß,
Röslein auf der Heiden,
das hat mir treten auf den Fuß,
und g'schach mir doch nicht leide:
sie g'liebet mir im Herzen wol,
in Ehren ich sie lieben soll,
beschert Gott Glück, geht's nicht zurück,
Röslein auf der Heiden!

4. Behüt dich Gott, mein herzig's Herz,
Röslein auf der Heiden!
Es ist fürwahr mit mir kein Scherz,
ich kann nicht länger beiten;
du komst mir nicht aus meinem Sinn,
dieweil ich hab' das Leben inn,
gedenk' an mich, wie ich an dich,
Röslein auf der Heiden!

5. Beut mir her deinen roten Mund,
Röslein auf der Heiden,
ein' Kuß gib mir aus Herzensgrund,
so steht mein Herz in Freuden.
Behüt dich Gott zu ieder Zeit,
all Stund und wie es sich begeit,
küß du mich, so küß ich dich,
Röslein auf der Heiden!

(Uhland, 56; Erk, Lh. II, 426.)

6*

1,2 geliebt mir = gefällt mir; 3,3 treten auf den Fuß, Zeichen der Liebe; 4,4 beiten = warten; 4,6 bieweil = solange.

Erk (Lh. II, S. 244) schreibt zu diesem Liede: „Unser Volkstext braucht sich vor Goethes Nachbildung nicht zu verstecken. Es ist um den neckischen, fröhlichen Ton reicher als Goethes Text mit seinem dramatischen Aufbau und seiner Zweideutigkeit.“

Als Lied der Liebessehnsucht möge noch folgen:

Liebessehnsucht.

1. Wenn ich ein klein Waldvöglein wär', wollt' ich flie = gen

ü = ber das Meer, schön = ster Schatz, zu   dir;

a = ber du bist weit von mir, a = ber du bist

weit von mir und ich von dir.

2. Schönster Schatz, das weißt du wohl,
　　daß ich dich nicht lieben soll,
　　weil's die Leut' verdrießt.
　　Weil's die Leut' so sehr verdrießt,
　　Darum lieb' ich dich.

3. Soviel Sternlein hin und her,
   Soviel Sandkörnlein im Meer,
   Denk' ich hin zu dir;
   Ja, vielhunderttausendmal
   Denk' ich an dich.

(Erk, 512 d.)

Ein diesem ganz ähnliches Sehnsuchtslied wird noch heute allgemein gesungen:

1. Wenn ich ein Vöglein wär'
   und auch zwei Flügel hätt',
   flög ich zu dir.
   Weil's aber nicht kann sein,
   bleib' ich allhier.

2. Bin ich gleich weit von dir,
   bin ich doch im Schlaf bei dir
   und red' mit dir:
   wenn ich erwachen tu',
   bin ich allein.

3. Es vergeht kein' Stund' in der Nacht,
   da nicht mein Herz erwacht
   und an dich gedenkt,
   daß du mir vieltausendmal.
   dein Herz geschenkt.

Text zuerst in Herders Volksliedern 1. Teil; Wunderhorn I, S. 206; Erk II, 512 a.

In den Volksmund übergegangen ist Simon Dachs „Ännchen von Tharau". (Historisch erwiesen ist, daß Simon Dach als Konrektor in Königsberg 1637 das Lied im Namen seines Freundes Partatius, des Bräutigams von Anna Neander zu deren Hochzeit gedichtet hat. [Ausführliches über dieses Lied siehe: Böhme „Volkstümliche Lieder" S. 289—290]).

Allgemeiner Beliebtheit erfreut sich auch: „Ach, wie ist's möglich dann". Das Lied wird jetzt in der Bearbeitung von Helene Chézy gesungen.

Als neueres Lied des Liebesglücks, das in den Volksmund übergegangen ist, nenne ich „Ach du klarblauer Himmel" von R. Reinick (1850).

c. Lieder des Abschieds.

Die älteste Form sind die Tagelieder oder Tage=
weisen, so genannt, weil der Wächter auf der Zinne den
Tag ankündigt und die Liebenden zum Scheiden mahnt.[1]

[2]1. „Der Wächter verkünd'get uns den Tag
　　an hoher Zinnen, da er lag:
　　„wolauf, Gesell! es muß geschieden sein,
　　wo nun zwei Lieb bei einander sein,
　　die scheiden sich bald!
　　Der Mond scheint durch den grünen Wald."

　2. „Merk auf, feins Lieb, was ich dir sag:
　　es ist noch fern von jenem Tag,
　　der Mond scheint durch die Wolkenstern;
　　der Wächter betrübt uns beide gern;
　　das sag' ich dir:
　　die Mitternacht ist noch nicht für."

　3. Er drückt sie freundlich an sein Brust,
　　er sprach: „du bist mein's Herzen ein Lust,
　　du hast erfreut das Herze mein,
　　verschwunden ist mir alle Pein
　　zu diser Frist,
　　auf Erden mir kein lieber ist."

---

[1] Talvj („Germanische Volkslieder", S. 385) freilich bezweifelt,
daß die Wächterlieder Volkslieder gewesen seien. „Zur Ehre der
deutschen Sittlichkeit wollen wir hoffen, daß jene Wächterlieder nicht
aus der Masse der Nation hervorgegangen.
　Wie hätte sonst wohl Walther v. d. Vogelweide singen können:
　　„Tiutschiu zuht gat vor in allen." oder
　　„Tugent und reine minne,
　　swer di suochen wil,
　　der sol komen in unser lant, da ist wunne vil."
　Die Wächterlieder scheinen uns vielmehr rein ideelle Er=
zeugnisse der Dichterphantasie zu sein ... Dem Volksliede liegen
aber nie bloß ideelle Zustände zugrunde. Es hält sich an irgend
eine reale, erlebte Situation und knüpft daran die sich mehr oder
minder aufschwingende Empfindung. Was demnach von diesen ritter=
lichen Liebesintrigenliedern unter dem Volke bekannt und von ihm
gesungen ward, war wahrscheinlich durch die Sänger von Gewerbe
unter sie verbreitet."
　[2] Uhland, Nr. 80.

4. Was zog er von den Händen sein?
   von rotem Gold ein Ringelein:
   „sih da, feins Lieb, das rote Gold!
   ich bin dir von Grund mein's Herzens hold,
   das glaub du mir:
   für dich, so wolt ich sterben schier."

5. Frau Nachtigall sang überall,
   wie sie vormals mer hatt gethan,
   darbei spürt man des Tages Schein:
   „wo nun zwei Lieb bei einander sein,
   die scheiden sich bald!
   der Tag scheint durch den grünen Wald."

Eins der schönsten Abschiedslieder und wohl überhaupt eins der schönsten Volkslieder ist

„Das Lied vom Scheiden",

das mit der neueren Melodie von C. Groos (1817) hier folgen soll:

1. { Ach Gott, wie weh tut Schei=den, hat mir mein
     so trab ich ü = ber d'Hei=den und traur' zu

Herz ver = wund't; }
al = ler Stund'. } Die Stun=den, der sind

al = so viel, mein Herz trägt heimlichs Lei=den, wie=

wohl ich oft fröh = lich bin.

2. Thät mir ein Gärtlein bauen
Von Veil und grünem Klee,
Ist mir zu früh erfroren,
Tut meinem Herzen weh;
Ist mir erfror'n bei Sonnenschein,
Ein Kraut Jelängerjelieber,
Ein Blümlein Vergißnitmein!

3. Das Blümlein, das ich meine,
Das ist von edler Art,
Ist aller Tugend reine,
Ihr Mündlein, das ist zart;
Ihr' Äuglein, die seind hübsch und fein.
Wenn ich an sie gedenke,
So wollt ich gern bei ihr sein.

4. Sollt ich meines Buhln erwegen (verzichten),
Als oft ein Ander tut,
Sollt führ'n ein fröhlichs Leben,
Darzu ein leichten Mut?
Das kann und mag doch nit gesein.
Gesegn dich Gott im Herzen,
Es muß geschieden sein.

(Erk, Nr. 746; Uhland, 67; Vilmar, S. 177.)

Schweres Scheiden.

Aolisch.   Mel. bei Ott 1534.

1. Ich stund an ei = nem Mor = gen heim = lich an

ei = nem Ort, do hätt' ich mich ver = bor = gen, ich

hort' kläg = li = che Wort von ei = nem Fräu = lein

hübsch und fein, das stund bei sei = nem Buh = len,

es mußt ge = schie = den sein.

2. „Herzlieb, ich hab' vernummen,
Du wöllst von hinnen schier,
Wenn willst du wiederkummen?
Das sollst du sagen mir.‘
„Nun merk, feins Lieb, was ich dir sag!
Mein Zukunft thust mich fragen:
Weiß weder Zeit noch Tag.“

3. Das Fräulein weinet sehre
Sein Herz was Unmuts voll:
‚So gib mir Weis' und Lehre,
Wie ich mich halten soll!
Für dich, so setz ich all mein Hab,
Und willst du hier beleiben,
Ich verzehr' dich Jahr und Tag.‘

4. Der Knab', der sprach aus Muthe:
„Dein Willen ich wol spür;
Verzehrten wir dein Gute,
Ein Jahr war bald hinfür,
Darnach müßt es geschieden sein;
Ich will dich freundlich bitten:
Setz deinen Willen drein!“

5. Das Fräulein, das schrie ‚Morde!
Mord über alles Leid!
Mich kränken deine Worte,
Herzlieb, nit von mir scheid'!
Für dich, da setz' ich Gut und Ehr',
Und sollt' ich mit dir ziehen,
Kein Weg wär' mir zu schwer.‘ —

6. Der Knab', der sprach mit Züchten:
   „Mein Schatz ob allem Gut,
   Ich will dich freundlich bitten,
   Schlag solch's aus deinem Mut!
   Gedenk mehr an die Freunde dein,
   Die dir kein Arges trauen
   Und täglich bei dir sein!"

7. Da kehrt er ihr den Rucken,
   Und sprach nit mehr zu ihr.
   Das Fräulein thät sich schmucken
   In einen Winkel schier
   Und weinet, daß sie schier vergieng;
   Das hat ein Schreiber gesungen,
   Wie's einem Fräulein gieng.

1,4 klagende Worte, 2,6 Zukunft = Rückkehr, 3,7 verzehren = ich will dich ernähren, 4,1 aus Muth = mit Bedacht, Überlegung, 4,4 hinfür, vorüber, 6,4 Mut = Sinn, 6,5 Freunde = Verwandte, 7,1 er riß sich von ihr los, 7,3 schmucken = schmiegen.

Dieses Lied war das berühmteste aller Abschiedslieder des 15.—17. Jahrhunderts. Schon 1480 bekannt. Es erschien vielfach in geistlicher Umdichtung. Vilmar schreibt in seinem Handbüchlein (S. 179) dazu: „Die Schmerzen der Trennung, die Leiden der Armut, das trübe Bangen vor der öben Ferne und Fremde, all dieses Leid, Weh und Bangen flüchtete sich immer wieder zu diesem ihrem ersten, ihrem wahrsten und lebhaftesten Ausdruck, zu dem Liebe: „Ich stund an einem Morgen".

Nach „Ich stund an einem Morgen" zunächst berühmt war: „Innsbruck, ich muß dich lassen".

Abschied von Innsbruck.

Forster I, 1539.

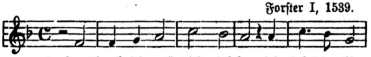

1. Innsbruck, ich muß dich las=sen, ich fahr' da=hin

mein Stra=ßen in frem=de Land da=hin. Mein

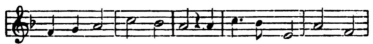

Freud' ist mir ge = nom=men, die ich nit weiß be = kom=
men, wo ich in E = = = = = lend bin.

2. Groß Leid muß ich ertragen,
Das ich allein thu klagen
Dem liebsten Buhlen mein.
Ach Lieb, nun laß mich Armen
Im Herzen dein erwarmen,
Daß ich muß dannen sein.

3. Mein Trost ob allen Weibern,
Dein thu ich ewig bleiben,
Stet, treu, der Ehren frumm.
Nun muß dich Gott bewahren
In aller Tugend sparen,
Bis daß ich wiederkumm.

(Uhland 69 A; Erk, Lh. II, 743 a.)

1,6 Elend, mhd. daz ellende, Leben in der Fremde; 3,3 die
Gesetze befolgend, die Pflichten erfüllend.   3,5 sparen = erhalten.

Der Sage nach hat Kaiser Maximilian selbst dies
Abschiedslied gedichtet, und Kapellmeister Heinrich Isaak
(† ungefähr 1518) soll nicht bloß Setzer sondern Komponist
der Melodie sein.

Mit dem Texte „O Welt, ich muß dich lassen“ ging
die Melodie in den evangelischen Kirchengesang über. Paul
Gerhard sang später nach ihr „Nun ruhen alle Wälder“.
Bach soll von der Melodie gesagt haben, er gebe für diese
einzige Melodie, wenn er sie erfunden hätte, sein bestes
Werk hin.

Gern gesungen wurde im 16. Jahrhundert das Ab=
schiedslied „Entlaubet ist der Walde“ (Uhland Nr. 68.

Erk II, Nr. 549) und das heute noch nicht ganz vergessene
„Ach Gott, wie weh tut scheiden" (Uhland, Nr. 67;
Erk, II, 746.)

Um den Anfang dieses Jahrhunderts wurde vom Volke
viel gesungen:

Mel.: „O du Deutschland, ich muß marschieren". (1823.)

1. { So = viel Stern' am Him = mel ste = hen, an dem
    { so = viel Schäf=lein, als da ge = hen in dem

gold=nen Him=mels=zelt, }
grü=nen, grü=nen Feld, } so = viel Vög=lein als da

flie=gen, als da hin und wie=der flie = gen: so = viel

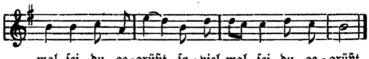

mal sei du ge=grüßt, so = viel mal sei du ge = grüßt.

2. Soll ich dich denn nimmer sehen,
    Nun ich ewig ferne muß?
    Ach, das kann ich nicht verstehen,
    O du bittrer Scheidensschluß!
    Wär ich lieber schon gestorben,
    Eh ich mir mein Lieb erworben,
    Wär ich jetzt nicht so betrübt.

8. Weiß nicht, ob auf dieser Erden,
   Die des herben Jammers voll,
   Nach viel Trübsal und Beschwerden
   Ich dich wiedersehen soll!
   Was für Wellen, was für Flammen
   Schlagen über mir zusammen,
   Ach, wie groß ist meine Not!

4. Mit Geduld will ich es tragen,
   Denk' ich immer nur zu dir,
   Alle Morgen will ich sagen:
   O mein Schatz, wann kommst zu mir?
   Alle Abend will ich sprechen,
   Wenn mir meine Äuglein brechen:
   O mein Schatz, gedenk an mich!

5. Ja, ich will dich nicht vergessen,
   Enden nie die Liebe mein;
   Wenn ich sollte unterdessen
   Auf dem Todtbett schlafen ein.
   Auf dem Kirchhof will ich liegen,
   Wie ein Kindlein in der Wiegen,
   Das die Lieb tut wiegen ein.

(Erk, Nr. 564; Wunderh. II, S. 199; Vilmar, S. 182.)

Zum Schlusse sei noch das herzige „Trost beim Abschied"
angeführt:

1. Wenn zwei von'ander scheiden,
   Tut's Herzel gar zu weh!
   Schwimmen die Augen im Wasser,
   Wie d' Fischerle im See.

2. Wie die Fischerle im See
   Schwimmen hin, schwimmen her,
   Schwimmen auf und nieder:
   ‚Büberl, kommst bald wieder?'

3. „Du darfst nicht so weinen,
   Darfst nicht so bang sein!
   Bist ein kreuzsauber Dirnel,
   Ich laß dich nicht allein.

4. Mein Herz und dein Herz
   Sind zusammen verbunden;
   Das Schlüsserl, das das aufsperrt,
   Wird nimmer gefunden."
                    (Erk, 630.)

Zu den besten Erzeugnissen des neueren volkstümlichen Abschiedsliedes gehören: „Morgen muß ich fort von hier" (um 1808 nach dem älteren Liede „Nun, so reis' ich weg von hier"), ferner das 1824 entstandene „Muß i denn"[1]), dann Friedr. Müllers „Heute scheid' ich" (1776), außerdem noch Justinus Kerners „Wohlauf noch getrunken" (1809), Feuchterslebens „Es ist bestimmt in Gottes Rat" (vor 1826), Ferd. Raimunds „So leb' denn wohl" (1828), Graf Schlippenbachs „Nun leb' wohl, du kleine Gasse" (vor 1833) und Georg Herweghs „Die bange Nacht ist nun herum" (1841).

d. Lieder der Untreue.

„In den wenigen Liedern der Untreue ist die herbe Täuschung des Herzens in einfachen Tönen wahrhaften Schmerzes besungen. Selten sind die Lieder leichtfertiger Untreue."

1. Der Gutzgauch hat sich zu Tod gefallen
   von einer holen Weiden,
   wer sol uns diesen Sommer lang
   die Zeit und Weil vertreiben?

2. Das sol sich tun Frau Nachtigall,
   sie sitzt uf einem Zweige,
   sie singt, sie springt, ist Freuden voll,
   wann andere Vögle schweigen.

3. Mein Bul hat mir ein Brief geschickt,
   darin da stet geschriben,
   sie hab' ein andern lieber dann mich,
   darauf hab' ich verzigen.

---

[1]) Nur Str. 1 Volkslied, die übrigen Str. v. Heinrich Wagner.

4. „Haft du ein andern lieber dann mich,
   das acht' ich wahrlich kleine,
   da sitz' ich mich uf mein apfelgrau's Roß
   und reit' wol über die Heide.

5. Und da ich über die Heide kam,
   mein feins Lieb trauert sere;
   laß farn, laß farn, was nit bleiben will,
   man findt der Jungfräulein mere."

(Erk, 481b; Uhland, Nr. 153; Böhme, 168.)

Am Ende der Lieder der Untreue sei noch die Klage eines Mädchens genannt, das sein Lieb verloren hat:

1. „Ich hört' ein Sichellin rauschen,
   wol rauschen durch das Korn,
   ich hört' eine feine Magd klagen:
   sie hätt' ihr Lieb verlor'n."

2. „Laß rauschen, Lieb, laß rauschen,
   ich acht' nit, wie es geh';
   ich hab' mir ein Bulen erworben
   in Veiel und grünem Klee."

3. „Haft du ein Bulen erworben
   in Veiel und grünem Klee,
   so steh ich hie alleine,
   tut meinem Herzen weh'.'"

(Erk, 678; Wunderh. II, 50; Vilmar, S. 192.)

Uhland nimmt mit Recht an, daß das Lied ein Zwie= gespräch zweier Mädchen zur Erntezeit ist.

Aus neuerer Zeit stammt das bekannte Lied „Es steht ein Baum im Odenwald".

Den Volkston trafen vorzüglich in ihren Liedern der Untreue: E. Mörike („Das verlassene Mägdlein"), Eichen= dorff („In einem kühlen Grunde"), E. Geibel („Wenn sich zwei Herzen scheiden").

D. Lieder der Geselligkeit.

a. Naturlieder.

Auch in den Naturliedern blickt das Liebesgefühl ver= stohlen durch. Alt sind die Streitlieder zwischen Sommer und Winter, Buchsbaum und Felbiger, Wasser und Wein. (Siehe Uhland, Abhandlung, S. 19 u. f.).

Die älteste bestimmte Meldung von diesen Spielen steht in Seb. Francks Weltbuch 1542: „Zur mitterfasten ist der Rosensonntag (Lätare). An disem tag hat man an etlichen orten ein spil, daß die buoben an langen ruoten bretzeln herumb tragen in der statt und zween angethone mann, einer in Singrüen oder Ephew, der heißt der Summer, der ander mit gmöß angelegt, der heißt der Winter, dise streiten miteinander, do ligt der Summer ob, und er erschlecht den Winter, darnach geht man darauff zum wein.“ Noch heute singen unsere Kinder ein solches altes Streitlied zwischen Sommer und Winter:

1. Trarira, der sommer, der ist da,
   wir wollen hinaus in garten
   und wollen des sommers warten.

2. wir wollen hinter die hecken
   und wollen den sommer wecken.

3. der winter hat's verloren usw.

Sommerlied.
(Erk, Lh. II, Nr. 379.)

Mel. 1545.

1. Herz = lich tut mich er = fre = wen die

frö = lich sum = mer = zeit, all mein ge = blut ver=

= ne = wen, der mei vil wol = lust geit: Die

lerch tut sich er = schwin=gen mit   i = rem hel = len

schall, lieb = lich die vög = lin sin = gen, vor=

auß die Nach = ti = gall.

2. Der kuckuck mit seim schreien
  macht frölich ieberman,
  des abends frölich reien
  die meidlin wolgetan;
  spazieren zu den brunnen
  pflegt man in diser zeit,
  all welt sucht freud und wunne
  mit reisen fern und weit.

3. Es grünet in den welden,
  die beume blüen frei,
  die röslin auf den felden
  von farben mancherlei;
  ein blümlein stet im garten,
  das heißt Vergiß nicht mein,
  das eble kraut Wegwarten
  macht guten augenschein.

4. Ein kraut wechst in der awen
  mit namen Wohlgemut,
  liebt ser den schönen frawen,
  darzu holunderblut,
  die weiß und roten rosen
  helt man in großer acht,
  kan gelt darumb gelosen,
  schön krenz man darauß macht.
  (Usw. 7 Str.)

Als volkstümliche Naturlieder führe ich an: „Der Mond ist aufgegangen" von M. Claudius (1778), — „Komm, stiller Abend" von Karl Claudius (1780), — „Komm, lieber Mai" von Ab. Oberbeck (1775), — „Bunt sind schon" von Salis Sewis (1782), — „Über allen Gipfeln" von Goethe (1780), — „Goldne Abendsonne" von Barbara Urner (1788), — „Willkommen, o seliger Abend" von Friß von Ludwig (vor 1795), — „O Täler weit" von Eichendorff (1810), — „Wer hat dich, du schöner Wald" von Eichendorff (1810), — „Im Wald und auf der Heide" von Wilh. Bornemann (1816), — „Wer hat die schönsten Schäfchen" von Hoffmann von Fallersleben (1830), — „Der Mai ist gekommen" von Em. Geibel (1835), — usw.

b. Trinklieder.

Seit alter Zeit sind die Deutschen als ein trinkfreudiges Volk bekannt. Im Trinklied haben die Vaganten, fahrenden Sänger, Studenten von jeher Besonderes geleistet. Natürlich hat es auch nie an Klagen über das übermäßige Trinken gefehlt. Im 16. Jahrhundert nennt Agricola „Sant Urbans Plag": „eine deutsche Plag, nemlich, daß sich einer voll saufe und mache ein sewmaul."

Eins der beliebtesten und ältesten Trinklieder, aus dem 16. Jahrhundert überliefert, aber jedenfalls schon aus dem 14. Jahrhundert stammend, ist:

1. „Den liebsten bulen, den ich han,
   der leit beim wirt im keller,
   er hat ein hölzens röcklein an
   und heist der Muscateller;
   er hat mich nechten trunken g'macht,
   und frölich heut den ganzen tag,
   gott geb' im heint eine gute nacht.

2. Von disem bulen, den ich mein',
   wil ich dir bald eins bringen,
   es ist der allerbeste Wein,
   macht mich lustig zu singen,

frischt mir das blut, gibt freien mut,
als durch sein kraft und eigenschaft,
nu grüß dich gott, mein rebensaft!"
(Erk, Nr. 1119; Uhland, Nr. 214; Wunderh. II, 486.)

Wie verbreitet dieses Trinklied war, geht daraus hervor,
daß man nach ihm „ein geistlich contrafactum" gedichtet hat:

„Den liepsten buelen, den ich han,
der ist in des himels trone;
Maria heißet sie gar schon:
allerliepte mein,
erwirb uns frid und sone" usw.

Zum Zutrinken waren kleine Lieder bestimmt, wie:

1. „Ist keiner hier, der spricht zu mir:
guter gesell, den bring' ich dir,
ein gleslein wein, drei oder vier?
jo jo, jo jo, jo jo!

2. Weinlein, daherein!
was sol uns der pfenning,
wann wir nimmer sein?
kirieleison, kirieleison!"

Das 17. Jahrhundert zeigt einen Verfall der Trink=
lieder. Von den volkstümlichen Trinkliedern des 18. Jahr=
hunderts nenne ich: „Krambambuli" von Chr. Friedr.
Wedekind (vor 1745), — „Bekränzt mit Laub" von
M. Claudius (1775) usw. Aus dem 19. Jahrhundert ist
das heute noch allgemein beliebte „Im Krug zum grünen
Kranze" von Wilh. Müller (1821).

Die Zahl der eigentlichen Schlemmerlieder ist nicht
so gar groß. Lange Zeit das beliebteste, sogar von Luther
einmal als gutes Lied gelobte Schlemmerlied, war:

Der Schlemmer.

1. Wo sol ich mich hinkeren,
ich tummes brüderlein?
wie sol ich mich erneren?
mein gut ist vil zu klein;

7*

als ich ein wesen han,
so muß ich bald davon,
was ich sol heur verzeren,
das hab' ich fernt vertan.

2. Ich bin zu frü geboren,
ja wo ich heut' hinkum,
mein glück kumt mir erst morgen;
het' ich das keisertum,
darzu dem zol am Rein,
und wär' Venedig mein,
so wär' es als verloren,
es müßt verschlemmet sein.

3. So wil ich doch nit sparen,
und ob ich's als verzer,
und will darumb nit sorgen,
got b'schert mir morgen mer;
was hilft's, daß ich lang spar'?
villeicht verlür' ich's gar;
solt mir's ein dieb außtragen,
es rewet mich ein jar.

4. Ich wil mein gut verprassen
mit schlemmen frü und spat,
und wil ein sorgen laßen,
dem es zu herzen gat;
ich nim mir ein ebenbild
bei manchem tierlein wild,
das springt auf grüner heide,
got b'hüt im sein gefild.

5. Ich sich auf breiter heide
vil manches blümlein stan,
das ist so wol bekleidet:
was sorg' solt ich denn han,
wie ich gut überkum?
ich bin noch frisch und jung,
solt mich ein not anlangen,
mein herz weßt nichts darumb.

6. Kein größer freud auf erden ist,
denn gutes leben han;
man wirt nicht mer zu diser frist,
denn schlemmen umb und an,
darzu ein guter mut;
ich reis' nit fer nach gut,
als mancher reicher burger
nach großem wucher tut.

7. Der g'winnt sein gut mit schaben,
darzu mit großer not,
wenn er sein ru' sol haben,
leigt er, als sei er tot:
so bin ich frisch und jung,
got verleih' mir vil der stund'!
got b'hüt mich jungen knaben,
daß mir kein unmut kum!

8. Ich laß die vögel sorgen
gen disem winter kalt;
wil uns der wirt nicht borgen,
mein rock geb ich im balb,
des wammes auch darzu;
ich hab' weder rast noch ruh',
den abend als den morgen,
biß daß ichs gar vertu'.

9. Steck an die schweinen braten,
darzu die hüner jung!
darauf mag uns geraten
ein frischer freier trunk;
trag einher külen wein,
und schenk uns tapfer ein!
mir ist ein beut' geraten,
die muß verschlemmet sein.

10. Drei würfel und ein karte,
das ist mein wapen frei,
sechs hübscher frewlein zarte,
an ieklicher seiten drei;

ruck her, du schönes weib!
du erfrewst mirs herz im leib,
wol in dem rosengarte
dem schlemmer sein zeit vertreib!

11. Ich bind' mein schwert an bseiten,
und mach' mich bald darvon,
hab' ich dann nit zu reiten,
zu fußen muß ich gan;
es ist nit allzeit gleich,
ich bin nit allweg reich,
ich muß der zeit erbeiten,
biß ich das glück erschleich'.
(Uhland, 213.)

1,2 tum, mhd. tump, unbesonnen, toll; 1,3 ernähren, erhalten; 1,5 Wesen, Besitztum; 1,8 fernt, im vorigen Jahre; 4,5 Ebenbild, Vorbild.

Das Trinken um die Wette, obwohl von der Obrigkeit verboten, war eine festeingewurzelte Sitte:

„Ein turnir sich erhaben hat
den man euch iez verkünden lat
in ferne und auch weite:
Nimmer nüchtern behelt den wal,
gut bier schenkt man in Joachimstal,
und wer dahin wil reiten,
der schick sich aufs beste als er kan,
ins tal, so sol er werben!
er leg sein besten harnisch an,
sei wol gerüst mit pferden,
daß er mög ritterlich bestan!
man stößt in sunst zur erden.“
(Uhland, 234 [7 Str.])

Zum Schlusse der Trinklieder sei noch das Ende des „Schlaftrunkes“ angeführt:

8. „Was wöllen wir mer haben?
den schlaftrunk bringt uns her.
Von lebkuchen und fladen
und was ir guts habt mer!

die speckſupp laſt uns kochen ſchier!
es iſt noch rechter zeit,
ich glaub es hat geſchlagen vier,
der han den tag ankreit.

9. Diß lieblein wil ſich enden,
wir wöllen heimat zu,
wir gen ſchier an den wenden,
der glucks der hat kein ru;
ich dürmel wie ein gans herein,
daß mir der ſchebel kracht,
das ſchafft allein der gute wein,
albe zu guter nacht!"

(Erk, 1131.)

Unter den neueren Schlemmerliedern iſt viel geſungen:
„Der Papſt lebt herrlich in der Welt" von Chr. Ludwig
Noack (vor 1789).

Mehr Trink= und Schlemmerlieder findet man in jedem
Kommersbuche.

An die Trinklieder ſchließe ich

c. **die eigentlichen Lieder der Geſelligkeit und Freundſchaft**

an: „Stimmt an den frohen Rundgeſang" von G. Bürde
(1788), — der Freimaurergeſang „Brüder, reicht die Hand
zum Bunde", — „Vom hoh'n Olymp" von H. Chr. Schnoor
(1795), — „Freut euch des Lebens" von Martin Uſteri
(1793), — „In allen guten Stunden" von Goethe (1775),
— „Es kann ja nicht immer" von Kotzebue (1802), —
„Des Jahres letzte Stunde" von Joh. Voß (1784).

d. **Tanz- und Reigenlieder.**

Der damalige langſame Tanz geſtattete es, daß die
Tanzlieder von den Tanzenden ſelbſt geſungen wurden. Tänze,
welche in das Schwenken, Rennen und Wirbeln übergingen,
wurden noch im 16. Jahrhundert als unanſtändig betrachtet.
Mädchen und Burſchen ſangen ſchon auf dem Wege zum
Tanzplatze. Zu den Tanzliedern gehören die bereits er=
wähnten Kranzlieder.

Sebastian Frank berichtet in seinem 1534 in Tübingen
erschienenen Weltbuch, daß drei Tage vor Himmelfahrt die
Flurbegänge stattfanden: „die drei tag vor dem auffarttag,
so man mit dem creütz geet, kummen etwan vil creütz in ein
kirch zusammen. Da singen si nit miteinander, sunder ein
iedes creütz sie lieb so es best mag (Wettsingen), und sein
die mit geenden jungen gesellen und meid all sauber und
feierteglich gekleidet, mit krentzen auf dem haupt, ausgeschlagen
maien in der hand. Da merken die priester (als Kunst=
richter) allzugleich auf, welche rott am besten singet, dise
gewinnen etlich kansen mit wein, die in aus diser urteil
zugesprochen werden (in der Kirche!)."

Der Kranz als Preis war seit den ältesten Zeiten nicht
nur bei den Griechen und Römern, sondern auch bei den
alten Germanen üblich. Einen Kranz flochten die Jung=
frauen zum Abendtanz und gaben ihn dem besten Sänger.
Ein Verbot aus Freiburg i. B. (1556) lautet: dieweil sich
das abendtanzen auf den gassen wieder einreißen will, ist
erkannt, das abzustellen und öffentlich zu verbieten, auch den
almosenknechten zu befehlen, darauf achtun haben, die spiel=
leute anzunehmen und in das spitalgefängnis zu legen. —
1559 heißt es: es ist erkannt, bis montag bei strafe von
10 sch. öffentlich auszurufen und zu verbieten alle abendtänz
in der stadt und den vorstädten. Item um das kränzlein
zu singen zu verbieten und die jungfrauen nicht länger den
reihen zu springen zuzulassen dann bis zum salve.

Von der Feier des Johannistages berichtet Seb. Frank:
die meid machen auf disen tag rosenhäfen, also: si lassen ihn
machen häfen voller löcher, die löcher kleiben sie mit rosenbletter
zu, und stecken ein liecht darein, wie in ein lattern, henken
nachmals disen in der höhe zum laden heraus, da singet
man alsdann umb ein kranz meisterliber. sunst auch oft=
mals im jar zu summerszeit, da die meid am abend in
einem ring herumb singen, kummen die gesellen in ring
und singen um ein kranz, gemeiniglich von nägelin ge=
macht, reimweis vor. welcher „das best thut, der hat
den kranz".

Einige Reigenlieder mögen folgen:

Bergreigen.

1. Bei meines Bulen Haupte,
da stet ein gülbner Schrein,
darin da leigt verschloßen
das junge Herze mein;
wolt Gott, ich hätt den Schlüßel,
ich würf ihn in den Rhein,
wär ich bei meinem bulen,
wie möcht mir baß gesein.

2. Bei meines Bulen Füßen,
da fleußt ein Brünnlein kalt,
unb wer des Brünnleins trinket,
der jungt und wird nicht alt;
ich hab des Brünnleins trunken
so manchen stolzen Trunk;
vil lieber wolt ich küssen
meines Bulen roten Mund.

3. In meines Bulen Garten,
da sten zwei Bäumelein,
das ein, das trägt Muskaten,
das anber Nägelein,
Muskaten, die sind süße,
die Nägelein, die sind räß,
die gib ich meinem Bulen,
daß er mein nicht vergeß.

4. Und der uns diesen Reim sang,
so wol gesungen hat,
das haben getan zwen Hauer
zu Freiberg in der Stadt;
sie haben so wol gesungen
bei Met und kühlem Wein;
barbei da ist geseßen
der Wirtin Töchterlein.

(Uhland, 30; Erk, Lh. II, 428.)

3,4 Nägelein, Gewürznelken; 3,6 räß = scharf, beißend; 4,2 Hauer, Bergleute.

Daß das Lied um 1550 schon allgemein bekannt war, geht aus einer geistlichen Umdichtung aus dieser Zeit hervor, die beginnt:

> „In meines herren garten
> wachsen der blümblein vil;
> der glaub thut sich schon warten,
> der lieb sein pflegen will."

Maienreigen.

1. Der Sommer und der Sonnenschein
ganz lieblich mir das Herze mein
erquicken und erfreuen,
daß ich mit Luft im grünen Gras
mag springen an den Reien.

2. Des lacht die Allerliebste mein,
wolt Gott ich solt heint bei ihr sein
in Züchten und in Ehren!
das wär meins Herzens größte Freud,
darauf darf ich wol schwören.

3. Demselben wacker Meidelein
schickt ich neulich ein Kränzelein
mit rotem Gold bewunden,
dabei sie mein gedenken soll
bei hunderttausend Stunden.

4. Ich ritt durch einen grünen Wald.
da sungen die Böglein wolgestalt,
Frau Nachtigall mit ihnen;
nun singt, ihr klein Waldvögelein
um meines Bulen willen!

(Uhland, 39; Erk, Lh. II, 458.)

Ein neckisches Reigenliedchen lautet:

W. Schmelzel, Quodl. 1544.

Jungfrau in dem ro = ten Rock, komm her zu mir!

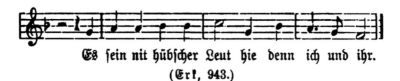

Es sein nit hübscher Leut hie denn ich und ihr.

(Erf. 943.)

Daß es beim Reigen nicht immer ohne Eifersüchtelei abging, zeigt folgendes Lied:

Eifersüchtelei beim Bauerntanz.

(Hausmann, Tänze 1609.)

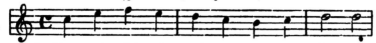

1. Tanz mir nicht mit mei = ner Jung=fer Kä = then,

sonst scherz ich mit dei = ner lie = ben Gre = ten.

Laß mir, was mir wer=den soll, lie = ber Bru=der,

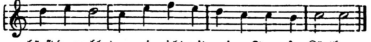

hörst du wohl; tanz mir nicht mit meiner Jung=fer Kä=then.

2. Scherz du nur mit deiner lieben Greten,
So tanz ich jetzt mit meiner Jungfer Käthen,
Und führ' sie die Läng', die Quer
Auf und nieder, hin und her:
Scherz du nur mit deiner lieben Greten.

3. Herz mir ja nicht meine Jungfer Käthen,
Sonst komm ich zu deiner lieben Greten
Eins ums ander, nicht umsunst,
Wil tu haben meine Gunst:
Herz mir ja nicht meine Jungfer Käthen.

4. „Kommst du mir zu meiner lieben Greten,
   So herz ich dir deine Jungfer Käthen,
   Sei zufrieden, laß geschehn,
   Will mit dir auch übel sehn,
   Kommst du mir zu meiner lieben Greten."

(Erk, 952.)

e. Ständelieder.

Hierher könnte man zunächst die Landsknechts= und Reuterlieder rechnen. Ferner gehören noch hierher die Lieder der Jäger, der Matrosen, der Bauern, der Bergleute, der Studenten, der Handwerker, der Mönche, der Nonnen, der Fahrenden und Lotterbuben.[1]

Jägerlieder[2] wurden am Ende des 16. und 17. Jahr= hunderts bis tief ins 18. Jahrhundert hinein viel gedichtet und gesungen. Diese alten Jägerlieder sind meist nicht bloß gesungen, sondern auch mit Instrumenten (Hörnern) begleitet worden. Von der großen Menge ist aber nur wenig in Melodie und Text erhalten. Nur das lebt noch, was nicht das Spezielle des Jägerlebens besingt, sondern bei allgemein menschlichen Beziehungen bleibt. Es sind die sogenannten Jägerromanzen.

Es sollen zwei weitverbreitete Jägerromanzen folgen:

1. Der verschlafene Jäger.

Geschwind.

1. Es wollt' ein Jä = ger ja = gen drei=

---

¹) Siehe M. Böhme: Altdeutsches Liederbuch, XL.

²) Hoffmann von Fallersleben gab 1828 „Jägerlieder mit Melodien" heraus (Breslau). — Franz Pocci und Franz v. Kobell sammelten „Alte und neue Jägerlieder" (mit Bildern und Singweisen). Landshut, Vogel, um 1844. — Bei Julius Bagel, Mülheim, erschien „Halali, des deutschen Jägers Lieder= buch", gesammelt von Hausburg.

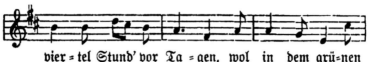

vier = tel Stund' vor Ta = gen, wol　in　dem grü=nen

Wald, ja Wald, wol　in　dem　grü = nen Wald.

2. Was begegnet ihm auf der Heide?
   Ein Mädchen im weißen Kleide,
   Die war so wunderschön.

3. Er tät das Mädchen wol fragen,
   Ob sie ihm wollt helfen jagen
   Ein Hirschlein oder Reh.

4. „Ei helfen jagen versteh' ich nicht;
   Ein ander Vergnügen versag' ich nicht,
   Es sei auch was es sei."

5. Sie setzten sich beide zusammen,
   Und täten einander umfangen,
   Bis daß der Tag anbrach.

6. „Steh auf, du fauler Jäger!
   Die Sonne scheint über die Täler,
   Ein Fräulein bin ich noch."

7. Das tät' den Jäger verdrießen,
   Er wollte das Mädchen erschießen
   Wohl um das einzige Wort.

8. Sie fiel dem Jäger zu Füßen,
   Er sollt sie nicht erschießen,
   Er sollt ihr verzeihen das Wort.

9. Der Jäger der tät' sich bedenken,
   Er wollte das Leben ihr schenken
   Bis auf ein ander Mal.

10. Sie tät den Jäger wol fragen:
    Ob sie grün Kränzlein dürft tragen
    Auf ihrem goldgelben Haar?

11. „Grün Kränzlein darfst mir nicht tragen,
    Weiß Häublein sollst du aufhaben,
    Wie andre jung Jägerfraun auch."

12. „„Jetzt laß ich mein Härlein fliegen,
    Ein' braven Burschen zu kriegen,
    Dem Jäger zu Schand und Spott.'"

(Wunderh. I, 274; Erk, Lh. III, 1440.)

(Mehr Jägerlieder siehe Erk, Lh. III, 1434—1469.)

2. Die schwarzbraune Hexe.

1. Es blies ein Jäger wohl in sein Horn,
   Wohl in sein Horn,
   Und alles, was er blies, das war verlorn.
   Hop sa sa sa,
   Dra ra ra ra,
   Und alles, was er blies, das war verlorn.

2. Soll denn mein Blasen verloren sein,
   Ich wollte lieber kein Jäger sein.
   (Wie oben.)

3. Er zog sein Netz wohl über den Strauch,
   Sprang ein schwarzbraunes Mädel heraus.

4. Schwarzbraunes Mädel, entspringe mir nicht,
   Hab' große Hunde, die holen dich.

5. Deine großen Hunde, die holen mich nicht,
   Sie wissen meine hohe weite Sprünge noch nicht.

6. Deine hohe Sprünge, die wissen sie wohl,
   Sie wissen, daß du heute noch sterben sollst.

7. Sterbe ich nun, so bin ich tot,
   Begräbt man mich unter die Röslein rot.

8. Wohl unter die Röslein, wohl unter den Klee,
   Darunter verderb' ich nimmermehr.

9. Es wuchsen drei Lilien auf ihrem Grab,
   Die wollte ein Reiter wohl brechen ab.

10. Ach, Reiter, laß die drei Lilien stahn,
    Es soll sie ein junger frischer Jäger han.
   (Über dieses Lied siehe Erk, Lh. I, S. 58; Uhland, 103.)

Das Jagdlied „Auf, auf zum fröhlichen Jagen" (1724)
wurde 1813 umgebildet in „Frisch auf zum fröhlichen Jagen".
Ein beliebtes Lied, das zur Blütezeit deutscher Jagdlust, zu
Anfang des 18. Jahrhunderts, entstanden sein mag, ist: „Ein
Jäger aus Kurpfalz". Aus dem 18. Jahrhundert ist ferner
„Fahret hin", dessen Melodie noch heute gesungen wird
(„Turner ziehn" — „Alles neu" — „Hänschen klein").
Ein älteres Jagdlied ist „Auf und an" (Mel. erhalten in
„Kommt heran"). — Jägerlieder neuerer Zeit sind: „Im
Wald und auf der Heide" von Wilh. Bornemann (1816),
— „Es gingen drei Jäger" von L. Uhland (1811).

Als altes Bergmannslied führe ich folgendes an:

Aus dem Odenwald u. d. Bergstraße. 1836.

1. Glück auf, Glück auf! der Stei = ger kommt;

er hat sein hel = les Licht, er hat sein hel = les Licht

schon an = ge = zünd't, schon an = ge = zünd't.

2. Hat's angezünd't, es gibt ein Schein
   |: Und damit fahren wir :|: ins Bergwerk 'nein.

3. Die Bergleut' sein so hübsch und fein;
   |: Sie grab'n das feinste Gold :|: aus Felsenstein.

4. Der Ein' gräbt Silber, der ander Gold,
   |: Dem schwarzbraun Mädelein, :|: dem sein sie hold.
   (Erk, Lh. III, 1512 c.)

Ein alter Bergwalzer ist:

Einzelne.

1. Wie könn = te denn heu = te die Welt noch be=

ste=hen, wenn kei = ne Bergleut' wär'n! Glück auf! 's kommt

Alle.

al = les von Berg = leut' her.   Ja, ja,

ja, ja, 's kommt al = les von Berg=leut' her.

2. Es könnte der Kaiser die Krone nicht tragen,
   Wenn keine Bergleut' wär'n.

3. Man könnte auch heute kein' Eisenbahn fahren, wenn usw.

4. Der Landmann, der könnte den Acker nicht bauen, wenn usw.
   usw. (12 Strophen.)
   (Erk, Lh., Nr. 1528.)

Matrosenlied.

1. Lustig ist's Matrosenleben, haltrjo!
   Ist mit lauter Lust umgeben, haltrjo!
   Bald nach Süden, bald nach Nord, haltrjo,
   Treiben uns die Wellen fort, haltrjo,
   An so manchen schönen Ort, haltrjo!

2. Hat der Segel Wind gefaßt,
   So besteigen wir den Mast.
   Sei zufrieden Kapitän,
   Wind und Wetter werden schön.
   Laßt die Fahne lustig wehn!

3. Luftiger Matrosensang
Tönet von des Meeres Strand,
Bald nach Süden, bald nach Nord
Treiben uns die Wellen fort
An so manchen schönen Ort.

4. Kommen wir nach Engelland,
Ist Matrosen wohlbekannt,
Kehren wir zur Stadt hinein,
Wo die schönen Mädchen sein,
Und man führt uns hübsch und fein.

5. Kommen wir nach Amerika,
Schöne Mädchen gibt's auch da.
Sie reichen freundlich uns die Hand:
„Seid willkommen im fremden Land
Und gesund am Meeresstrand!"

6. Eins das macht mir viel Verdruß,
Weil ich von der Liebsten muß.
Fischlein schwimmen in dem Bach,
Liebchens Tränen schwimmen nach.
Und zuletzt ein heißes „Ach".

7. Und wenn dann der Hafen winkt,
Werden Lieder angestimmt,
Und dann küß ich an der Zahl
Nach der Trennung harter Qual
Liebchen hunderttausendmal.

8. Aus nun ist des Schiffmanns Lied,
Er nimmt nun von der Welt Abschied.
Ziert sein Grab kein Leichenstein,
Frißt der Haifisch sein Gebein,
Er wird dennoch selig sein.

(Erf, Lh. III, 1505.)

Nonnenklage. (16. Jahrh.)

1. Ach Gott, wem soll ich's klagen,
Das heimlich Leiden mein!
Mein Herz will mir verzagen,
Gefangen muß ich sein;

Ins Kloster bin ich gegeben
In meinen jungen Jahr'n,
Darin ich mußte leben,
Kein Freud' noch Luste haben:
Das klag' ich allzeit Gott.

2. Nun höret zu dieser Stunde,
Was ich euch sagen tu'!
Verflucht sein all meine Freunde,
Die mir's haben bracht darzu.
Daß ich mich sol erwehren,
Das nit zu wehren ist,
Mein Gut tun sie verzehren,
Mein Seel' höchlich beschweren,
Das klag' ich vom Himmel Christ.

3. Ich weiß ein andern Orten,
In diesem bleib' ich nicht,
Ich bin des innen worden,
Es sein nur Menschengedicht,
Damit ich bin verbunden
Bis in das zwölfte Jahr;
Die Wahrheit hab' ich funden,
Mein Strick sein aufgebunden,
Mein Andacht ist verloren gar.

4. Den Orden, den ich meine,
Den hat Gott selbst gestift,
Den ehelichen Stand alleine
Als man find't in der Schrift:
Es ist nicht zu sein alleine
(Spricht Gott) den Menschen gut,
Darumb schafft er noch eine
Aus seinem Fleisch und Beine,
Die ihm auch Hilfe tut.

5. Das was Adam und Eva,
Die Gott zusammen pflicht,
Den Orden sollten sie halten
Und ben nicht machen zu nicht;

Ihr Brot im Schweiß erwerben
Für ihrem Angesicht,
Sonst müßten sie beide sterben
Und ewiglich verderben
Wol in der Höllenpein.

6. Dem wöllen wir nachfolgen,
Das helf' uns der liebe Gott!
Wöll'n Christum lassen sorgen,
Der uns allzeit behüt,
Auf ihn allein vertrauen,
(Auf keinen Menschen mehr),
Welcher uns kann ernehre,
Behüten für falscher Lehre,
Ihm sei Lob, Preis und Ehr'!
(Erk, 918.)

Das deutsche Studentenlied ist mindestens so alt
wie die deutschen Universitäten (500 Jahre). Eigentlich ist's
ein Wanderlied, das den „fahrenden Scholar" begleitete.
Die älteste handschriftliche Sammlung von Studentenliedern
ist ungefähr im Jahre 1669 angelegt. 1781 folgte die
erste gedruckte Sammlung „Studentenlieder, gesammelt und
gebessert" von Christian Wilhelm Kindleben. In neuer Zeit
sind viele Kommersbücher erschienen.

Auch die Handwerksburschenlieder sind meist Wan-
derlieder. Obgleich das „Walzen" immer seltener wird, singt
man doch heute noch „Es, es, es und es, es ist ein harter
Schluß." Mehr Handwerksburschenlieder siehe Erk, Th. III,
1592—1615. Natürlich sangen die Gesellen auch wenn sie
auf Arbeit waren ihre Lieder. Als solches Gesellenlied folge:

„Gesellen=Woche."

1. Am Sonntag, am Sonntag,
Da ißt der Meister Bohne,
Und was ein jeder hat getan,
Das will der Meister lohne.

Heidlibum, was soll das sein?
Und lustig müss'n wir Bursche sein,
Küratschjo, Plümatschjo!

2. Am Montag, am Montag,
   Da schlaf ich bis um viere,
   Da kommt ein lust'ger Spießgesell,
   Da gehen wir zu Biere.
     Heiblibum usw.

3. Am Dienstag, am Dienstag,
   Da schlaf ich bis um zehne,
   Und wenn mich dann der Meister weckt,
   Dreh ich mich um und gähne.
     Heiblibum usw.

4. Am Mittwoch, am Mittwoch,
   Da ist die Mitt' der Wochen,
   Da hat der Meister 's Fleisch verzehrt,
   Behalt er auch die Knochen.
     Heiblibum usw.

5. Am Donnerstag, am Donnerstag,
   Da ist es gut zu spaßen,
   Da nehm ich's schwarzbraun' Mägdelein
   Und geh mit auf der Gassen.
     Heiblibum usw.

6. Am Freitag, am Freitag,
   Da kommt's Gewerk zusamme,
   Da eß ich drin zum Abendbrot
   Die schönste Butterbamme.
     Heiblibum usw.

7. Am Sonnab'nd, am Sonnab'nd,
   Da ist die Woch' zu Ende,
   Da geh' ich zur Frau Meisterin
   Und hol' mir 'n reines Hembe.
     Heiblibum usw.

Die Handwerker- und Zunftlieder blühten im 15. und 16. Jahrhundert.

Erk bringt im „Liederhort" ein Lied der Buchdrucker (Nr. 1628):

„Wohlauf mit reichem Schalle!
Ich weiß mir ein G'sellschaft gut,
liebt mir vor andern allen,
sie trägt ein freien Mut,
sie hat ein kleine Sorge
wol um das römisch Reich,
es sterb' heut oder morgen,
so gilt's ihn alles gleich."
             (10 Str.)
        (Auch bei Uhland 265.)

Die Bäcker sangen:

„Mir vor allem auf der Welt
Das Handwerk der Bäcken g'fällt,
Wenn schon alles ruht und schlaft,
Munter ist der Bäck und wacht.
Die honet galanten Bäcken
Haben Kiffeln, Semmel, Wecken,
Bretzen, Beigel und zur Not
Schwarz=weiß und französisch Brot."
             (8 Str.)
        (Erk, 1629.)

Die Schuster:

„Die Schusterzunft bleibt immer doch
Die wichtigste von allen,
Sonst müßten alle Menschen doch
Barfuß durchs Leben wallen,
So aber gibt der Schuh allein
Vor manchem Dorn und manchem Stein
Uns Sicherheit und Schutz.
   Juchhe, juchhe, juval—la—rala."
             (3 Str.)
        (Erk, 1630.)

Die Schneider mußten sich manchen Spott im Liede
gefallen lassen, so im

Jahrestag der Schneider.

1. „Und als die Schneider Jahrestag hatt'n,
    Da war'n sie alle froh,
    Da saßen ihrer neunzig,
    Neun mal neunundneunzig
    An einem gebratnen Floh."

(5 Str.)

(Erk, 1635.)

ober in der Schneider=Courage:

1. Es seind einmal drei Schneider gewef'n,
    O je!
    Es seind einmal drei Schneider gewef'n,
    Die hab'n ein' Schnecken fürn Bär'n angesehn.
    O je, o je, o je!

(11 Str.)

(Erk, 1633.)

Die Müller gingen auch nicht leer aus:

1. Es fiel ein Müller vom Himmel herab,
    Heisa visa!
    Boß schlapperbenk! wie stäubt der Sack!
    Wölln wir fein lustig sein,
    Heisa Companeia!

2. Der Müller stäubt aus seine Säcke,
    Heisa visa!
    Die Esel, die tragen Säcke weg,
    Wölln wir fein lustig sein,
    Heisa Companeia!

(Erk, 1638.)

Der Essenkehrer fang:

1. Daß ich der Rauchfangkehrer bin,
    Das wissen ja alle Leut,
    Ich bin kohlschwarz von Angesicht
    Und hab' ein schwarzes Kleid.

(4 Str.)

(Erk, 1639.)

Sogar die Scherenschleifer hatten ihr Zunftlied:

1. Es kam ein fremder Schleifer daher,
   Er schleift die Messer und die Scheer.
   Fidefiberallala, riolala,
   Schleift die Messer und die Scheer.

2. Den Jungfrau'n schleif' ich sie umsunst
   Mit meiner schönen Schleiferkunst.
   (7 Str.)
   (Erk, 1640.)

Später zeigen die Handwerkerlieder großen Verfall. In der Gegenwart sind die hausbackenen, poesielosen Handwerkergesänge gänzlich ausgestorben. Es gibt zwar Gesänge, in denen spezielle Berufsarten angesungen werden, diese sind aber nie Volkslieder geworden. — An Stelle der Ständelieder entsteht jetzt eine neue Gattung, das Sportlied. Es gibt Lieder für Radler, Kegler, Segler usw. Diese haben meist als Refrain den Schlachtruf der betreffenden Kaste: „Gut Heil" — „Gut Holz" — „Wir halten fest und treu zusammen" usw.

Die Turnerlieder reichen, da die Turnerei jüngeren Ursprunges ist, nicht weit über den Schluß des 18. Jahrhunderts zurück. 1811 begründete L. Jahn in der Hasenheide den ersten deutschen Turnplatz. Der alte Vater Jahn liebte vor allem weite Übungsmärsche. Wo eine Turnerschar ins Freie zog, da erklang auch das „Marschlied der freiwilligen Jäger" von Methfessel: „Hinaus in die Ferne". Ein anderes Marschlied war Arndts „O du Deutschland, ich muß marschieren". Jahn geistesverwandt war H. F. Maßmann. 1814 entstand sein „Turner ziehn", 1820 das „Gelübde" (Ich hab' mich ergeben). 1819 sang A. Binzer sein „Wir hatten gebauet". Um 1860 entstand A. H. Weißmanns „Turner, auf zum Streite!"

f) Rätsel-, Wunsch- und Wettlieder.[1]

Die Rätsellieder sind ein altes Erbgut der Germanen. Die Rätselform wurde in frühester Zeit angewendet vom Wirte zur Erforschung des Gastes. Diese Form ist uns

---

[1] Siehe Uhland, Abhandlung, S. 129 ff.

überliefert im Traugmundlied (aufbewahrt in einer Hand=
schrift des 14. Jahrhunderts, jedenfalls aber viel älter).

1. Willkommen, fahrender Mann!
Wo lagst du die letzte Nacht?
Womit warst du bedacht?
Oder in welcherlei Weise
Erwirbst du Kleider und Speise?

2. „Das hast du gefragt einen Mann,
Der dirs in ganzer Treue sagen kann:
Mit dem Himmel war ich bedeckt,
Und mit Rosen war ich umsteckt,
In eines stolzen Knappen Weise
Erwerb ich Kleider und Speise.“

3. Nun sag mir, Meister Tragemund,
Zweiundsiebenzig Lieder, die sind dir kund:
Welcher Baum gebiert ohne Blüt?
Welcher Vogel ist ohne Zunge?
Welcher Vogel säugt seine Jungen?
Welcher Vogel ist ohne Magen?
Kannst du mir das jetzund sagen?
So will ich dich für einen weidlichen Knappen halten.

4. „Das hast du gefragt einen Mann,
Der dirs in ganzer Treue wol sagen kann:
Der Wachholder gebiert ohne Blüt,
Die Fledermaus säugt ihre Jungen,
Der Storch ist ohne Zunge,
Die Schwarbe[1]) ist ohne Magen,
Ich will dirs in ganzer Treue sagen,
Und fragest du mich jetzund mehre,
Ich sag dirs fürbaß an dein Ehre.“

(12 Str.)
(Erk, 1061; Uhland, 1; Böhme, 270.)

Ausforschende Wechselrede finden wir besonders in den
Handwerksgrüßen und Weidsprüchen.

---

[1]) Grimm vermutet: Kibitz, roipa, dänisch ripe.

Ein altes Rätsellied beim Kranzsingen ist folgendes:

1. Ich kumm aus fremden Landen her
   Und bring euch viel der neuen Mär,
   Der neuen Mär bring ich so viel,
   Mehr dann ich euch hie sagen will.

2. Die fremden Land, die sind so weit,
   Darin wächst uns gut Sommerzeit,
   Darin da wachsen Blümlein rot und weiß.
   Die brechen die Jungfrauen mit ganzem Fleiß.

3. Und machen daraus einen Kranz
   Und tragen ihn an den Abendtanz,
   Und lond die Gesellen darum singen,
   Bis einer das Kränzlein tut gewinnen.

4. Mit Lust tret ich an diesen Ring,
   Gott grüß mir alle Burgerskind,
   Gott grüß mir sie alle gleiche,
   Die armen als die reichen.

5. Gott grüß mirs allgemeine
   Die großen als die kleinen!
   Sollt ich eine grüßen und die andre nicht,
   So sprächens, ich wär kein Singer nicht.

6. Ist kein Singer um diesen Kreis,
   Der mich wohl hört und ich nicht weiß?
   Derselbig tu sich nicht lang besinnen
   Und tu bald zu mir einherspringen!

7. Singer, so merk ich eben!
   Ich will dir eine Frag' aufgeben:
   Was ist höher weder Gott,
   Was ist größer denn der Spott,
   Was ist weißer denn der Schnee,
   Was ist grüner denn der Klee?

8. Kannst du mirs singen oder sagen,
   Das Kränzlein sollt du gewunnen haben;
   Darum will ich jetzt stille stahn,
   Und den Singer zu mir einher lan.
   (Ein anderer Singer tritt in den Kreis.)

9. Mit Luft trit ich an diese Statt:
Gott grüß mir ein ehrbarn weisen Rat,
Ein ehrbarn Rat nicht alleine,
Darzu eine ganze Gemeine!

10. Ein ehrbarn Rat hab ich wol zu grüßen Macht,
Gott grüß mir eine ganze Nachburschaft.
Gott grüß mir das Jungfräulein zart,
Und die des Kränzlein gemachet hat!

11. Jungfrau, ich kumm vor euch getreten
Und hab euch vor nie kein mal gebeten
Und bitt euch zarts Jungfräuelein
Zum erstenmal um euer Kränzelein.

12. Ihr wöllet mirs geben und nit versagen,
So will ichs von euretwegen tragen,
Von euretwegen nicht allein,
Von allen den Jungfräulein gemein
Die das Kränzlein hand machen lon,
Die Rat und Tat darzu hand thon.

13. „Singer, du hast mir ein Frag aufgeben,
Die gefällt mir wohl und ist mir eben:
Die Kron ist höher weder Gott,
Die Schand ist größer denn der Spott,

14. Der Tag ist weißer denn der Schnee,
Das Märzenlaub ist grüner denn der Klee,
Singer, die Frag hab ich dir tun sagen,
Das Kränzlein sollt du verloren haben." —

_____

15. Jungfrau, so merk ich eben!
Ich will euch ein Frag aufgeben,
Wann ihr mirs tut singen und sagen,
Euer Kränzlein sollt ihr länger tragen.

16. Jungfrau, sagt mir zu dieser Frist,
Welches die mittelst Blum im Kränzlein ist?
Der Blumen aber gar[1]) viel seind,
Die umher in dem Kränzlein stehnd.

_____

[1]) Richtiger: eben, gleichviel sind.

17. Ich hör ein großes Schweigen,
Das Kränzlein will mir bleiben.
So merkt mich, liebe Jungfrau mein:
Ihr mögt wohl die mittelst Blum' im Kränzlein sein!

18. Darum so kumm ich vor euch getreten,
Und hab euch vor zweimal gebeten,
So bitt ich euch zartes Jungfräulein
Zum dritten Mal um euer Kränzelein.

19. Jungfrau, hebt auf eure schneeweiße Hand
Und gend dem Kränzlein einen Schwank,
Und setzt mirs auf mein gelbes Haar!
Das sicht gleich wie ein Igel z'wahr.

(Hier setzt die Jungfrau dem Singer den Kranz auf das Haupt.)

20. So schau, gut Gsell, so schaue!
Das gab mir ein schön Jungfraue,
Die Jungfrau, die mir das gab,
Sie sprach: „Gut Gsell, behalt dir das!"

21. Jungfrau, habt ihr kein Glifelein,¹)
Daß mir anheftet mein Kränzelein?
Daß ich es nicht tu verlieren,
Wo ich hin gang spazieren.

22. Und beß ichs nit verzette²),
Bis daß ich käm zu meim Bette,
Darnach so leg ichs in mein Truchen,
Darinnen liegt es die ganze Wuchen.

---

23. Jungfrau, ich soll euch grüßen
Von der Scheitel bis auf die Füße,
So grüß ich euch so oft und dick³),
Als mancher Stern am Himmel blickt,
Als mancher Baum gewachsen mag
Von Oster bis auf Sankt Michels Tag.

---

¹) Eine Art Stecknadel.
²) = verzetteln, in kleine Stücke zerfallen lasse.
³) Vielmals.

24. Jungfrau, ich soll euch danken
Mit Schwaben und mit Franken[1])
So ich die Franken nicht kann haben,
So dank ich euch mit allen Webersknaben[2]),
Seind euch dieselben unbekannt,
So dank ich euch mit meiner eignen Hand.

———

25. Jungfrau, ich soll euch schenken,
Ich will mich nit lang bedenken:
So schenk ich euch ein gülden Wagen.
Darin ihr sollt gen Himmel fahren.

26. Und ein gülden Kron, drei edel Stein,
Darin ist so schön der erste Stein,
Der ist auch also gute:
Gott b'hüt euch vor der Höllen Glute!

27. Der ander ist so tugentreich:
Gott gebe euch sein Himmelreich!
Der dritte Stein ist so tugendhaft:
Gott b'hüt euch eure Jungfrauschaft!

28. Damit will ich's bleiben lan,
Und jetzt aus diesen Reihen gan;
So stand ich auf ei'm Lilgenblatt:[3])
Gott geb euch Allen ein gute Nacht!
(Erk, 1061; Uhland, 3.)

Manche Rätsellieder nähern sich schon mehr den Liedern von den unmöglichen Dingen.

1. „Ich weiß mir eine schöne Maid,
ich nähme sie gern zum Weibe,
könnte sie mir von Haberstroh
spinnen die feine Seide."

———

[1]) Im Geleite des ganzen Volkes will ich danken.
[2]) Oder Druckersknaben, jeder Singende nennt seine Zunft.
[3]) Das Lilienblatt, eine vielfach vorkommende Formel, womit das flüchtig Dahinwehende angedeutet wird. Der Wandernde hat keinen festen Boden.

2. „Soll ich dir von Haberstroh
   spinnen die feine Seide,
   so sollt du mir von Lindenlaub
   ein neu Paar Kleider schneiden."

(9 Str.)

(Uhland, Abh. S. 162.)

Diese Rätsellieder greifen schon in die Scherzlieder über. Die Fortsetzung dieser Lieder vom Unmöglichen sind die Lügenlieder, z. B.:

„Der Blinde hat ein Eichhorn gesehen,
Der Lahm erließ mit den großen Zehen,
Der Nackte hat's in den Busen geschoben;
Ihr dürft darum nicht zürnen,
Es ist wohl halb erlogen, heiaho!"

Ein solches Lügenlied ist ja auch das Lied vom Schlauraffenlande.

Den Liedern von den unmöglichen Dingen schließen sich die Wunschlieder an. Dem Wunsche traute man im Altertume geheime Kraft zu, mochte er sich als Gebet oder als Beschwörung oder Gruß oder Segen oder Fluch äußern. Oft gesellt sich Scherz zum Ernste, besonders in den auf Liebe bezüglichen Wünschen, so bei Rosenblüt:

„Ich wünsch dir das ewig Leben,
Das müss' dir Gott mit Freuden geben!
Ich wünsch dir eine Stubbe warm
Und deinen Buhlen in deinen Arm.

Den günstigen Wünschen gegenüber stehen die Verwünschungen. Viele Lieder haben als Ziel des Wunsches die Verwandlung, z. B.:

1. Wollt' Gott, ich wär' ein klein's Vögelein,
   Ein kleines Waldvögelein!
   Gar lieblich wollt' ich mich schwingen
   Der Lieben zum Fenster ein.

2. Wollt' Gott, ich wär' ein klein's Hechtelein,
Ein kleines Hechtelein!
Gar lieblich wollt' ich ihr fischen
Für ihre Tische.

3. Wollt' Gott, ich wär' ein klein's Kätzelein,
Ein kleines Kätzelein!
Gar lieblich wollt' ich ihr mausen
In ihrem Hause.

4. Wollt' Gott, ich wär' ein klein's Pferdelein,
Ein artlichs Zelterlein!
Gar zartlich wollt' ich ihr traben
Zu ihrem lieben Knaben.

5. Wollt' Gott, ich wär' ein kleines Hundelein,
Ein kleines Hundelein!
Gar treulich wollt' ich ihr jagen
Die Hirsche, Hünlein und Hasen.

(Uhland, Abh. S. 232.)

g) Spott= und Schandlieder.

Einige Spottlieder fanden bereits unter den Hand=
werksgesängen Erwähnung. Heiter ist folgendes Spottlied
auf alle Stände:

1. Wie machen es die Ärzte?
So machen sie's:
Hat einer Flecken im Gesicht,
Kurieren sie frisch auf die Gicht,
So machen sie's.

2. Wie machens die Apotheker?
Sie liquidieren schweres Geld,
Wenn jemand Schnupfen nur befällt.

3. Wie machen es die Bäcker?
Sie backen Brot und Semmel klein
Und mischen wacker Kleien drein.

4. Wie machen es die Brauer?
Sie machen etwas Wasser warm
Und brauen Bier, daß Gott erbarm!
(13 Str.)
(Erf, 1715.)

Unter die Spottlieder haben wir vor allem die Neid=
harte zu rechnen, in denen die Bauern ihr Teil bekommen.

h) Kinderlieder.

„Das erste, was das Kind geistig aufnimmt, was seine
Phantasie beschäftigt, ist Dichtung. Der selige Morgen der
Kindheit, dieses goldene Traumleben, ist an sich ein Stück
Dichtung."[1]
Über die Entstehung der alten Kinderlieder sagt
M. Böhme[2]): „Diese Kinderlieder sind eigentlich nicht
gemacht, sondern wie Feld= und Wiesenblumen ohne alle
Pflege hervorgewachsen; sind ein gemeinsames Erbe der ganzen
deutschen Kinderwelt." Das meiste haben Ammen und Mütter
und andere kindlich gebliebene Erwachsene für die Kinder
erfunden, anderes rührt sichtlich von Kindern selbst her oder
ist wenigstens von Kindern umgebildet, oder in örtliche oder
zeitliche Beziehungen gebracht. Die Sprache der meisten
Kinderlieder ist die mundartliche. Die Form ist meist sehr
vernachlässigt. Die Kinderreime sind oft sehr alt. Es ist
nachgewiesen, daß viele Kinderreime dem Heidentume ihre
Entstehung verdanken, z. B. die Holdalieder. Holdas Bote,
der Storch, der Adebar, d. h. Glücksbringer, der auch den
Menschen das Glück, die Kinder, bringt, wird in zahlreichen
Verschen angerufen; z. B.:

„Storch, Storch, Langbein,
Bring mir ein kleines Brüderlein!
Storch, Storch, bester,
Bring' mir 'ne kleine Schwester!"

---

[1] Dr. Dunger, „Voigtländische Kinderlieder", S. 2 (Plauen
1894).
[2] M. Böhme, „Deutsches Kinderlied und Kinderspiel", S. 5
(Breitkopf & Härtel. — Leipzig, 1897).

Mythische Erinnerungen enthalten auch die Rufe an den Sonnenkäfer, der der Himmelsgöttin geweiht war und sie nun um gut Wetter bitten soll. So singt man in Bayern:

„Sunnwendkäfer, fleg' in 'n Brunn'n,
Bring' uns heut und morgen ein schöne Sunn'!"

Den Namen „Marienkäfer, Muttergottestier" erhielt er nach dem Sturze des Heidentums.

Holdaverehrung liegt auch im Maikäferlied:

„Maikäfer fliege,
Dein Vater ist im Kriege,
Deine Mutter ist in Pommerland (Hollerland),
Pommerland ist abgebrannt.
Maikäfer fliege!"

Das „abgebrannte Hollerland" ist ein Nachklang des alt= heidnischen Weltbrandes (Muspilli).

Dem Kuckuck als Boten der Freyja, dem Frühlings= verkünder, ist manches Liedchen gewidmet, z. B.:

„Der Gutzgauch auf dem Zaune saß,
Es regnet sehr, und er ward naß.
Kam der liebe Sonnenschein,
Da ward der Gutzgauch hübsch und fein."

Daß er auch als Prophet nicht nur bei Kindern an= gesehen wird, ist ja bekannt.

Die Ringelreihen sind uralte Reste chorischer Aufführ= rungen bei den heidnischen Festen unserer Vorfahren.

Ein Rest alten Glaubens ist das im Kinderlied oft vorkommende „Engelland", das himmlische Lichtland, wo Frau Holle und die Seligen wohnen.

Früher hat sich niemand die Mühe genommen, Kinder= verse aufzuzeichnen. Nur ihre Namen haben sich in Ver= zeichnissen des 15. und 16. Jahrhunderts erhalten. Erst seit man anfing Volksmärchen und Volkssagen zu sammeln, wurden auch die Kinderreime der Aufzeichnung wert erachtet. Die

erste Sammlung, die Kinderverse enthält, ist „Des Knaben
Wunderhorn". Später erschienen viele Spezialsammlungen
von Kinderreimen. Die bedeutendste ist die von E. Roch=
holz: „Alemannisches Kinderlied und Kinderspiel" (1857).
Eine weitere hochverdiente Arbeit ist K. Simrocks „Das
deutsche Kinderbuch" (3. Aufl. 1879). Die neueste Sammlung
ist Fr. M. Böhmes: „Deutsches Kinderlied und Kinder=
spiel" (1897).

Überängstliche Erzieher haben gemeint, die guten alten
Kinderreime durch neuere mit mehr „Moral" ersetzen zu
müssen. Diese Reimereien hat sich aber Jungdeutschland
nicht oktroyieren lassen. Sobald der gestrenge Herr oder die
liebe Spieltante den Rücken kehrt, greift es doch wieder zu
seinen alten, guten, lieben Reimen.

In neuerer Zeit haben mit viel Glück das Gebiet der
Kinderdichtung bearbeitet: Hoffmann von Fallersleben,
Löwenstein, Güll.

IV. Der Verfall des Volksliedes.

Angesichts des Volksliederreichtums und der Sangeslust
früherer Zeiten einerseits (bringt doch Böhmes „Altdeutsches
Liederbuch" allein 660 Lieder mit ihren Melodien aus dem
12.—17. Jahrhundert und Erks „Deutscher Liederhort"[1])
2175 Volkslieder mit Melodien) und der Liederarmut und
Sangesunlust unserer Zeit andererseits muß man die Frage
aufwerfen: wie kam es, daß der liederselige Mund der
Deutschen so verstummen konnte?

Die Frage „Ist unsere Zeit geeignet, wieder ein allge=
meines Volkslied entstehen zu lassen?" beantwortet Böhme
„Altdeutsches Liederbuch" S. XXIV mit „nein", „weil die
Bedingungen dazu fehlen und niemals wieder kommen; denn
die Blütezeit des Volksliedes ist die Jugendzeit eines Volkes,
und diese blüht nur einmal. Uns fehlt ein naives Volk

---

[1] Erk u. Böhme „Deutscher Liederhort" (3 Bde.). Leipzig,
Breitkopf & Härtel 1893.

mit seinem Traumwachen oder Halbdunkel ... Schwerlich
wird jemals wieder ein allgemeines Volkslied im früheren
Sinne zu hoffen sein, wenigstens solange nicht, bis die un=
geheure innere Kluft zwischen dem Gebildeten und dem
Gesamtvolke sich ausgefüllt darstellt ... Selbst die Tatsache,
wieder ein wirkliches Volk zu sein, deren Deutschland sich
jetzt rühmen darf, wird über jene Kluft nicht hinweghelfen,
wird für gemeinsames Volkslied im edelsten Sinne keinen
neuen Boden gewinnen lassen."

Warum singt dann aber das Volk nicht wenigstens
seine alten, guten, bewährten Volkslieder mehr?

Dem Volke ist nicht nur die zum Hervorbringen von
Volksliedern nötige Naivität abhanden gekommen, sondern
auch die zum Weitersingen erforderliche.

Weiter wird zum Aussterben vieler Volkslieder das Ver=
schwinden einer gewissen weltfernen Abgeschlossen=
heit der einzelnen Ortschaften, die für die Erhaltung der
Volkslieder so segensreich war, beigetragen haben.

Viele Lieder verloren ihre Existenzberechtigung dadurch,
daß gewisse Volksfeste und Volkssitten außer Brauch
kamen.

Ferner ist nicht zu vergessen, daß der musikalische
Geschmack heute eine gewaltige Änderung erfahren hat.
„Bei einer kleinen bevorzugten Minderheit bewegt sich diese
Änderung in aufsteigender Linie; der großen Menge sind
aber nicht nur die eigenen alten Weisen unbekannt geworden,
sondern ihr fehlt auch mangels eigener Bildung das Ver=
ständnis für die edlen, gehaltvollen Tonwerke unserer großen
Meister der Musik. So wandte sich je länger je mehr der
Geschmack des Volkes dem modernen seichten Tongeklingel zu,
und, getragen von dem Interesse, das ihm entgegengebracht
wurde, konnte sich die ohrenbetäubende Schundmusik so be=
häbig breit machen, daß dem schlichten Kinde des Volkes
Licht, Luft und Sonne genommen wird." [1]
Der Rückgang des Volksliedes ist ferner durch die ver=
änderten Lebensverhältnisse veranlaßt worden. Dahin

_____

) H. Meyer, „Was kann der Lehrer zur Hebung des Volks=
[lied]es tun?" — Hildesheim.

ist der lindenumschattete Brunnen vor dem Tore, dahin der Tanzplan vor dem Dorfe. Dafür geht das Volk in die Säle tanzen, und was dort gesungen wird — daß Gott erbarm!

Bei der Suche nach den Ursachen des Verfalls dürfen wir nicht vergessen, daß die Wanderlust, die so manches Lied entstehen und verbreiten half, durch die neuen Verkehrs=mittel bedeutend nachgelassen hat.

Was die Sangesfreudigkeit der Wanderer gesammelt, das wurde daheim festgehalten. In den Herbergen er=klangen dann die Lieder. Auch diese Herbergen in ihrer alten Gestalt sind verschwunden. „Christliche Frömmigkeit stiftet zwar wiederum Herbergen und Pflegehäuser, welche dem wandernden Handwerker die Familie ersetzen sollen. Aber alle diese Anstalten sind eben gemacht, aus bewußter Tendenz und Theorie organisiert worden, sie wollen Glauben schaffen, wo die früheren Jahrhunderte noch Glauben hatten, sie wollen jene Sitte, die naturgemäß entstanden war, jenes Vereinsleben, das sich von unten herauf entwickelt hatte, von oben herab wieder aufbringen. So löblich und ehrenwert nicht bloß, sondern auch so notwendig unser ganzes neues Vereinswesen ist, so gibt es doch der naiven Volkspoesie den letzten Gnadenstoß. Indem die christlich fromme Tendenz der Jünglingsvereine die rohe Sinnlichkeit bricht, zerstört sie auch jene Naturkraft, die unbewußt ihrer selbst frei= und frohmütig Lieder in die Welt hinaussang, unbekümmert, ob sie glaubens= oder satzungsgemäß waren." [1]

Nicht wenig Schuld am Verfall des Volksliedes hat die Obrigkeit gehabt, als sie die Spinnstuben, die eigent=lichen Pflegstätten des Volksliedes, aufhob und selbst den Rundgang und das „sonstige Singen und Lärmen auf Straßen und öffentlichen Plätzen" untersagte, — „weil so etwas in der Stadt auch nicht erlaubt sei." —

An die Stelle der Spinnstuben tritt (auch auf dem Dorfe) die moderne Kaffeegesellschaft und der Klub, und dort genießt das Volkslied kein Heimatsrecht.

---

[1] A. W. Grube „Ästhetische Vorträge", Bd. II, S. 98 ff.

Die „offiziellen" Lieder, die jetzt bei Familienfest=
lichkeiten angestimmt werden, sind meist aller Poesie bar
und verdrängen auch hier das gute alte Gesellschaftslied.

Sonst sang das Volk zur Arbeit. Die lärmende
Maschine, die selbst das Sprechen verbietet, bringt natürlich
das Lied erst recht zum Schweigen.

„Den hauptsächlichsten Grund aber für die Sanges=
unlust weiter städtischer Kreise sehe ich darin, daß das Volk
der Städte infolge der wirtschaftlichen Entwickelung und ihrer
seelischen Begleiterscheinungen den Abendfrieden mit seinem
Stimmungszauber nicht mehr voll auf sich wirken lassen
kann; der trieb es von selbst zum Liede, mit dem es sich
des Tages Staub vom Halse sänge... Unsere Zeit der
Arbeitsteilung hat Millionen die geistige Herrschaft und damit
die innerliche Befriedigung durch die Arbeit genommen. Und
wie dem Werke der Reiz des Unmittelbaren, der in ihm
haftenden Eigenart des Schaffenden verloren gegangen, so
verrät auch die Erholung nicht mehr, daß sich der ganze
Mensch ihr hingibt, wie Abstammung, Leben, Beruf ihn
heranbildeten, sie ist auf das flache Wässerchen geeicht, das
in der Seele übrig bleibt, wenn ihr der persönliche und
damit volkstümliche Gehalt abgeschöpft wird. Darum kann
das Volk der Städte nicht mehr fröhlich singen, darum muß
es die Vergnügungsstätten aufsuchen, wo wohl Hunz und
Kunz aus Welschland oder Polen ihre Triebe weiden, des
Deutschen schönstes Erbteil aber, sein Gemüt verdorrt." [1]

Der vom Dorfe in die Stadt kommende Knecht und
„das Mädchen vom Lande" singen zwar noch eine Weile,
doch bald verstummen auch ihre Weisen.

Nun, wird man einwenden, tun denn die Gesang=
vereine nicht genug, wenn sie wöchentlich stundenlang zu=
sammenkommen und das Lied pflegen?

Gesangvereine, besonders Männerchöre gibt es ja heut=
zutage mehr als es gut ist, aber die tragen oft mehr dazu
bei, das Volkslied verschwinden zu lassen, als es zu pflegen
und dem Herzen des Volkes wieder nahe zu bringen. Solche
„Kinderlieder" zu singen, halten sich viele für zu vornehm.

---

[1] Bruinier, „Das deutsche Volkslied", S. 22 u. f.

Und wenn infolge des Interesses, das man dem Volksliede „von obenher" jetzt entgegenbringt, Volkslieder gesungen werden, dann machen sie meist einen so ungünstigen Eindruck, daß man bitten möchte: verschont das liebe, gute, alte Volks= lied. Es nimmt sich oft aus wie ein Dorfkind in grande toilette: die schlichte Weise wird verdeckt durch einen ver= künstelten Satz, und statt mit dem Herzen zu singen, sind die Ausführenden oft nur noch blinde Werkzeuge eines über= empfindsamen Dirigenten. —

Und endlich ist auch der Volksschule der Vorwurf nicht zu ersparen, nicht immer genug zur Pflege des Volks= liedes getan zu haben. Man kann in vielen Volksschullieder= büchern oft lange suchen, bis man auf ein wirkliches Volkslied stößt. Man bietet Steine für Brot. Übertriebene Prüderie hat manches gute Volkslied ausgeschlossen oder verstümmelt. Wenn das Kind dann aus der Schule ins Leben tritt, hat es kein Lied. Heißt das nicht „non vitae discimus"?

Hoffen wir von der Zukunft das Beste! Mögen sich alle beteiligten Kreise ihrer hohen Aufgabe, das deutsche Volkslied zu pflegen, recht bewußt werden! —

Als Nachwort.

„Einst war in deutschen Landen das Volk so reich an Sang,
Daß dir auf Weg und Stegen sein Lied entgegenklang.
Im Liede hat's gebetet, im Liede hat's geweint,
Beim Mahle, wie bei Gräbern zum Sange sich vereint.
Der Bauer hinterm Pfluge, der Hirt im Wiesental,
Die Mägde bei dem Rocken, sie sangen allzumal;
Und wo die Kinder spielten, da lenkt' ein Lied die Lust,
Und wo die Burschen zogen, da klang's aus voller Brust.
Wer sie erfand die Weisen, ward keinem je bekannt,
Sie wuchsen wie die Blumen und gingen von Hand zu Hand.
Bis jüngst in dunklen Nächten ein wüster Räuber kam,
Und aus des Volkes Herzen den Schatz der Lieder nahm.
Statt dessen hat er Tücke und Grimm hineingelegt,
Die haben tolles Murren und arg Geschwätz erregt.
Es hat vom Gift getrunken, ihm ist die Seele wund.
Und ob dem Weh verstummet der sangesreiche Mund.
O Herr, vor dem melodisch der Gang der Welten klingt,
Und dem am Blatt der Käfer, am Halm die Grille singt,
Ach, nimm dich des Verstummten in Gnaden liebreich an,
Und löse seines Herzens und seiner Zunge Bann!"

K. Bormann.

Literatur.

Franz Magnus Böhme, „Volkstümliche Lieder der Deutschen im 18. und 19. Jahrhundert". (Leipzig, Breitkopf & Härtel, 1895.)

— „Deutsches Kinderlied und Kinderspiel". (Leipzig, Breitkopf & Härtel, 1897.)

J. W. Bruinier, „Das deutsche Volkslied". (Leipzig, B. G. Teubner, 1899.)

Dr. Herm. Dunger, „Kinderlieder und Kinderspiele aus dem Vogt=lande". (Plauen, Neupert 1894, 2. Aufl.)

Max Friedländer, „Das deutsche Lied im 18. Jahrhundert". 3 Bände. (Stuttgart und Berlin 1902, J. G. Cotta.)

A. W. Grube, „Ästhetische Vorträge". (Bädeker, Iserlohn, 1864.)

v. Ditfurth, „Die historisch politischen Lieder des Dreißigjährigen Krieges". (Heidelberg, Winter, 1882.)

L. Erk und Fr. A. Böhme, „Deutscher Liederhort". — 3 Bände. (Leipzig, Breitkopf & Härtel, 1897.)

R. Hildebrand, „Materialien zur Geschichte des deutschen Volks=liedes". (Leipzig, B. G. Teubner, 1900.)

Hoffmann von Fallersleben, „Unsere volkstümlichen Lieder". (4. Aufl. v. K. H. Prahl; Leipzig, W. Engelmann, 1900.)

J. Knipfer, „Das kirchliche Volkslied und seine geschichtliche Ent=wicklung". (Bielefeld und Leipzig, Velhagen & Klasing 1875.)

Körner, „Historische Volkslieder des 16. und 17. Jahrhunderts". (München, Ebener & Seubert, 1840.)

R. v. Liliencron, „Deutsches Leben im Volkslied um 1530". (Stuttgart, Union, 1884.)

— „Die historischen Volkslieder der Deutschen", 4. Bde. (Leipzig, J. C. W. Vogel, 1865—69) vergriffen.

Kurt Mey, „Der Meistergesang in Geschichte und Kunst". (Leipzig, Seemann, 1901.)

H. Meyer, „Was kann der Lehrer zur Hebung des Volksgesanges tun?" (Hildesheim, H. Helmke, ohne Jahreszahl.)

Dr. B. Hartmann, „Das volkstümliche deutsche Kinderlied". (Annaberg, Rudolph & Dieterici, 1885.)

H. Eschelbach, „Der Niedergang des Volksgesanges". (Neuwied und Leipzig, Heuser, ohne Jahreszahl.)

— „Rettet das Volkslied!" (Berlin, Boll & Pickardt, ohne Jahreszahl.)

K. Reuschel, „Volkskundliche Streifzüge". (Dresden und Leipzig, C. A. Koch, 1903.)

Rochholz, „Alemannisches Kinderlied". (Leipzig, Weber 1856.)

Dr. J. Sahr, „Das deutsche Volkslied". (Leipzig, G. J. Göschen, 1901.)

Fr. Leon v. Soltau, „Einhundert deutsche historische Volkslieder". (Leipzig, Schrey 1836) vergriffen.

Soltau-Hildebrand, „Soltaus historische Volkslieder". Zweites Hundert". (Leipzig, G. Meyer, 1856) vergriffen.

E. Schuré, „Geschichte des deutschen Liedes". (Minden, Bruns, 1884) vergriffen.

Talvj, „Germanische Volkslieder". (Leipzig, Brockhaus) vergriffen.

Dr. O. Vogt und Dr. M. Koch, „Geschichte der deutschen Literatur". (Leipzig-Wien.)

L. Uhland, „Alte hoch- und niederdeutsche Volkslieder mit Abhandlung und Anmerkungen". (Stuttgart, J. G. Cotta.)

W. Uhl, „Das deutsche Lied". (Leipzig, E. Avenarius, 1900.)

A. F. C. Vilmar, „Handbüchlein für Freunde des deutschen Volksliedes". (Marburg, N. G. Elwert, 1886.)

Dr. F. H. Otto Weddigen, „Geschichte der deutschen Volkspoesie". (München, G. D. W. Callwey, 1884.)

Ph. Wolfrum, „Die Entstehung und Entwickelung des deutschen evangelischen Kirchenliedes". (Leipzig, Breitkopf & Härtel, 1890.)

C. v. Winterfeld, „Der evangelische Kirchengesang in seinem Verhältnis zur Kunst des Tonsatzes". (Leipzig, 1843.)

J. E. Wackernell, „Das deutsche Volkslied". (Hamburg, Verlagsanstalt und Druckerei A.-G., 1890.)

Max, Freiherr v. Waldberg, „Goethe und das Volkslied". (Berlin, Wilh. Hertz, 1889.)

Dr. Fr. Zimmer, „Zur Charakteristik des deutschen Volksliedes der Gegenwart". (Heidelberg, C. Winter, 1882.)

Inhaltsverzeichnis.

(Die mit * versehenen Lieder sind mit Melodien.)